Stefanie Büchner

Soziale Arbeit als transdisziplinäre Wissenschaft

VS RESEARCH

Stefanie Büchner

Soziale Arbeit als transdisziplinäre Wissenschaft

Zwischen Verknüpfung
und Integration

VS VERLAG

Bibliografische Information der Deutschen Nationalbibliothek
Die Deutsche Nationalbibliothek verzeichnet diese Publikation in der
Deutschen Nationalbibliografie; detaillierte bibliografische Daten sind im Internet über
<http://dnb.d-nb.de> abrufbar.

Andrea von Braun Stiftung

voneinander wissen

Die Andrea von Braun Stiftung hat sich dem Abbau von Grenzen zwischen Disziplinen verschrieben und fördert insbesondere die Zusammenarbeit von Gebieten, die sonst nur wenig oder gar keinen Kontakt miteinander haben. Grundgedanke ist, dass sich die Disziplinen gegenseitig befruchten und bereichern und dabei auch Unerwartetes und Überraschungen zutage treten lassen.

1. Auflage 2012

Alle Rechte vorbehalten
© VS Verlag für Sozialwissenschaften | Springer Fachmedien Wiesbaden GmbH 2012

Lektorat: Dorothee Koch | Anette Villnow

VS Verlag für Sozialwissenschaften ist eine Marke von Springer Fachmedien.
Springer Fachmedien ist Teil der Fachverlagsgruppe Springer Science+Business Media.
www.vs-verlag.de

Das Werk einschließlich aller seiner Teile ist urheberrechtlich geschützt. Jede Verwertung außerhalb der engen Grenzen des Urheberrechtsgesetzes ist ohne Zustimmung des Verlags unzulässig und strafbar. Das gilt insbesondere für Vervielfältigungen, Übersetzungen, Mikroverfilmungen und die Einspeicherung und Verarbeitung in elektronischen Systemen.

Die Wiedergabe von Gebrauchsnamen, Handelsnamen, Warenbezeichnungen usw. in diesem Werk berechtigt auch ohne besondere Kennzeichnung nicht zu der Annahme, dass solche Namen im Sinne der Warenzeichen- und Markenschutz-Gesetzgebung als frei zu betrachten wären und daher von jedermann benutzt werden dürften.

Umschlaggestaltung: KünkelLopka Medienentwicklung, Heidelberg
Gedruckt auf säurefreiem und chlorfrei gebleichtem Papier

ISBN 978-3-531-17552-2

Danksagung

Ich möchte denen danken, die durch ihr Interesse, ihre Geduld, ihre Unnachgiebigkeit und ihren Zuspruch zur Entstehung dieses Buchs beigetragen haben. Dazu gehört ganz wesentlich der Arbeitskreis „Theorie- und Wissenschaft Soziale Arbeit" der Deutschen Gesellschaft für Soziale Arbeit, dessen Anregungen und Kritik in die Überarbeitung des Textes Eingang gefunden haben. Danken möchte ich auch Professor Dr. Juliane Sagebiel für ihren Zuspruch zur Veröffentlichung dieser Untersuchung. Professor Dr. Sabine Pankofer möchte ich danken für ihre Einladung zu einer Blockveranstaltung im Mai 2010 an der Katholischen Hochschule für Soziale Arbeit in München. Sich an einem sonnendurchfluteten Samstagmorgen gemeinsam mit engagierten Studierenden und Professor Dr. Hubert Jall den Kopf gerade über Transdisziplinarität heiß zu diskutieren, war eine wahre Freude.

Professor Gertrude Hirsch-Hadorn und Dr. Georg Brun haben mit ihren Veranstaltungen zur Wissenschaftsphilosophie und Textanalyse an der Eidgenössisch-Technischen Hochschule Zürich ganz wesentlich zur Lust, Theorien und Konzepte „beim Wort" zu nehmen, beigetragen. Neben diesem ideellen Zuspruch möchte ich der Studienstiftung des Deutschen Volkes sowie der Andrea von Braun Stiftung für ihre finanzielle Unterstützung danken.

Das Nahumfeld ist noch einmal auf ganz besondere Art und Weise von der Untersuchung einer transdisziplinären Sozialarbeitswissenschaft betroffen. Nicht nur für die konstruktive Diskussion der Textvorlage, sondern auch dafür, seine Verfasserin während ihrer Verfertigung (aus-)gehalten zu haben, möchte ich Stefan Priester danken.

Berlin im Sommer 2011   Stefanie Büchner

Kapitelübersicht

Transdisziplinarität – Annäherungen an einen schillernden
Hoffnungsträger 11

1 Transdisziplinarität in der Philosophie
 – die Arbeiten von Mittelstraß und Gibbons et al. 25

2 Treffen sich drei ... – Übertragungschancen und -grenzen
 der philosophischen Konzepte auf Soziale Arbeit 33

3 Transdisziplinarität zwischen Heteronomie und Autonomie
 – sozialarbeitswissenschaftliche Programmatiken
 von Transdisziplinarität 49

Transdisziplinarität revisited 119

Literaturverzeichnis 129

Inhaltsverzeichnis

Transdisziplinarität – Annäherungen an einen schillernden Hoffnungsträger 11

Vorgehen 13
Begriffliche Klärung 17
Erste Erkundungen und allgemeine Arbeitsdefinition 20

**1 Transdisziplinarität in der Philosophie
– die Arbeiten von Mittelstraß und Gibbons et al.** 25

    1.1 Transdisziplinarität als Reparaturprinzip 26
    1.2 Transdisziplinarität als neue Konstellation
        von Wissenschaft und Gesellschaft 29

**2 Treffen sich drei ... – Übertragungschancen und -grenzen
der philosophischen Konzepte auf Soziale Arbeit** 33

    2.1 Spezifika Sozialer Arbeit 34
    2.2 Relationierung der philosophischen Konzepte 38
    2.3 Konkretisierte Arbeitsdefinition 42

**3 Transdisziplinarität zwischen Heteronomie und Autonomie
– sozialarbeitswissenschaftliche Programmatiken
von Transdisziplinarität** 49

    3.1 Rekonstruktion 51
        3.1.1 Transdisziplinarität als Merkmal einer postmodernen
            Koordinationswissenschaft und Handlungswissenschaft
            – die Konzepte von Heiko Kleve und Wolf Rainer Wendt 52
        3.1.2 Transdisziplinarität als Intradisziplinarität
            – das Konzept von Ernst Engelke 62
        3.1.3 Transdisziplinarität als Charakteristikum von Praxiswissenschaft
            und integrativer Handlungswissenschaft
            – die Konzepte von Hans-Jürgen Göppner, Juha Hämäläinen
            und Werner Obrecht 66

3.2 Vergleich 78
   3.2.1 Zur Generierung von Relationswissen 79
   3.2.2 Dimensionen des Vergleichs 80
   3.2.3 Vergleich der Transdisziplinaritätskonzepte Sozialer Arbeit 82
      3.2.3.1 Ein- und ausgeblendete Bearbeitungsprobleme 82
          Exkurs 1: (Ent-)Problematisierungen der Praxis 87
      3.2.3.2 Vermittlungsbasis der Verknüpfung bzw. Integration 88
      3.2.3.3 Formale Kriterien, Mittel zur Umsetzung von
          Transdisziplinarität und Möglichkeiten zur Falsifikation 92
          Exkurs 2: Verortung der Disziplin Sozialer Arbeit 99
      3.2.3.4 Selektion, Modifikation, Integration 100

3.3 Kontrastierung – Transdisziplinarität zwischen Verknüpfung
   und Integration, Gegenwartsdiagnose und Zukunftsszenario,
   Entlastung und Zu-Mutung 103
      Chancen 105
      Grenzen 108

Transdisziplinarität revisited **119**

Literaturverzeichnis **129**

Transdisziplinarität – Annäherungen an einen schillernden Hoffnungsträger

1975 charakterisierte Helmut Lukas Soziale Arbeit als nichtparadigmatische Wissenschaft, in der „alle Tatsachen […] in gleicher Weise relevant [sind]"[1] und die mithin kein besonderes disziplinäres Interesse verfolge. Angestoßen durch Ernst Engelkes Werk „Soziale Arbeit als Wissenschaft" entwickelte sich besonders seit 1992 eine breite und kontrovers geführte Diskussion um den Gegenstand und Wissenschaftstypus der inzwischen mehrparadigmatischen Sozialarbeitswissenschaft.[2] Unterdessen werden die Stimmen leiser, die die Wissenschaftsfähigkeit Sozialer Arbeit grundlegend in Zweifel ziehen. Dagegen wachsen Bestrebungen, eigene Entwürfe für die Konstitution einer Disziplin Sozialer Arbeit zu präsentieren, auszuarbeiten und zu verteidigen. Als Antwort auf die Frage, wie sich diese handlungswissenschaftliche Disziplin vor dem Hintergrund ihres traditionell großen disziplinären Einzugsgebietes fundieren soll, lautet die Antwort immer häufiger: Soziale Arbeit müsse sich transdisziplinär konstituieren. Alternativ wird auf den bereits transdisziplinären Charakter Sozialer Arbeit verwiesen.

---

[1] Lukas in Sahle (2004, S. 295).
[2] Vergleiche Sahle (2004). Demnach lassen sich im Anschluss an Schurz (1998) fünf Paradigmen im sozialarbeitswissenschaftlichen Diskurs identifizieren: das Alltagsparadigma, das systemische Paradigma, das der alltäglichen Lebensführung, das ökosoziale sowie das subjekttheoretische Paradigma.

Diese Diskussion möchte ich zum Anlass nehmen, um die Frage zu stellen, was unter dem Terminus „Transdisziplinarität" verstanden wird und worin die Gemeinsamkeiten und Unterschiede der sozialarbeitswissenschaftlichen Konzepte liegen, die eine transdisziplinäre Konstituierung der Disziplin fordern. Einfacher gesagt: *Was hat es mit dem schillernden Begriff der Transdisziplinarität in der Diskussion um die Fortentwicklung Sozialer Arbeit auf sich?* Welche Inhalte, Vorstellungen und Problemlagen verbergen sich hinter diesem Terminus, der nicht unbescheiden auftritt: Es wird keine Multi- oder Interdisziplinarität gefordert, nein, es geht scheinbar um mehr – doch was ist dieses „Mehr"?

Im gegenwärtigen Diskurs finden sich zwar einzelne Beiträge zu einer transdisziplinären Verfassung Sozialer Arbeit, was bislang fehlt ist jedoch eine systematische Rekonstruktion und ein Vergleich der entsprechenden Vorschläge. Es ist der Anspruch dieser Arbeit, diesen Vergleich nachvollziehbar nach transparenten Vergleichsgesichtspunkten vorzunehmen und damit einen Beitrag zur begrifflichen Aufklärung des sozialarbeitswissenschaftlichen Diskurses um die transdisziplinäre Konstitution Sozialer Arbeit zu leisten. Im Fall von „Transdisziplinarität" heißt dies zum einen, die inhaltliche wie formale Heterogenität der Konzepte sichtbar zu machen und die Spannbreite von eher vagen Programmatiken zu ausgearbeiteten Theoriekomplexen aufzuzeigen. Voraussetzung dafür ist es, die sozialarbeitswissenschaftlichen Entwürfe in ihrem Anspruch nach einer Weiterentwicklung Sozialer Arbeit, wie er sich in der Bezugnahme auf den Begriff der Transdisziplinarität zeigt, ernst zu nehmen. Erst wenn diese unterschiedlichen Begriffsverständnisse und -implikationen rekonstruiert und zueinander in Beziehung gesetzt werden, können sie als heterogene Alternativen in den Blick geraten und informierte Begriffs- und Theorieentscheidungen befördern.

Vorgehen

Geprägt durch das Anliegen einer möglichst verständlichen Annäherung an einen derart schillernden Begriff, ist diese Arbeit vom Allgemeinen zum Speziellen hin aufgebaut. Die Suche nach dem „Mehr", das der Begriff der Transdisziplinarität verspricht, gleicht dem Aufbruch in unwegsames Gelände.

Die Teilnahme an solch einer Suche, soviel sei vorausgeschickt, ist zwar kein Spaziergang, doch sie erlaubt dem Leser[3], Einsichten im Prozess mit zu entdecken, denn der Beschäftigung mit Transdisziplinarität in dieser Breite wohnen einige theoretische wie praktische Schwierigkeiten inne. Es sind vor allem die Eigenarten des Gegenstandes, die besondere Ansprüche an das inhaltliche wie strukturelle Vorgehen stellen. Es scheint sich bei ihm um ein eher vages Phänomen zu handeln, von dem fraglich ist, wie es greifbar gemacht werden kann. Der Terminus der Transdisziplinarität wird zwar häufig verwandt, jedoch selten hinreichend klar bestimmt. Zu ihm existieren verschiedene philosophische Grundlegungen wie auch sozialarbeitswissenschaftliche Vorschläge. Eine weitere Herausforderung erwächst aus dem Umstand, dass Transdisziplinarität zumeist nicht als eigenständiges Konzept eingeführt wird, sondern mit den jeweils vorgetragenen Wissenschaftsentwürfen für eine Disziplin Sozialer Arbeit verwoben ist. Die Wissenschaftsprogrammatiken selbst unterscheiden sich stark in ihrer Klarheit, sodass erhebliche Anstrengungen allein für die Rekonstruktion der jeweiligen Verständnisse von Transdisziplinarität nötig sind. Dieser Ausgangssituation Rechnung zu tragen und trotzdem eine interessante und nachvollziehbare Annäherung an den schillernden Begriff der Transdisziplinarität zu entwickeln, ist der Anspruch dieser Arbeit.

Zwei Arbeitsdefinitionen von Transdisziplinarität markieren jeweils zentrale Wegpunkte der Annäherung. Die erste Arbeitsdefinition wird direkt im Anschluss mit der Bezugnahme auf Publikationen aus einem breiteren disziplinären Einzugsgebiet entwickelt und dient der ersten begrifflichen Orientierung. Im An-

---

[3] Aus Gründen der besseren Lesbarkeit verwende ich die maskuline Form. Gemeint und angesprochen sind selbstverständlich sowohl Frauen als auch Männer.

schluss daran werden zwei wissenschaftsphilosophische Konzepte vorgestellt (1), auf die im sozialarbeitswissenschaftlichen Diskurs Bezug genommen wird. Dabei handelt es sich zum einen um das Konzept von Jürgen Mittelstraß, das Transdisziplinarität als Reparaturprinzip der Wissenschaft begreift (1.1) sowie um das Verständnis von Gibbons, Nowotny et. al. (1.2). Diese fassen Transdisziplinarität als neue Form der Wissensgenerierung und stellen damit auf ein genuin verändertes Verhältnis von Wissenschaft und Gesellschaft ab. Beide Verständnisse sind weder deckungsgleich noch einfach übertragbar auf die spezifische Situation der Sozialarbeitswissenschaft. Im zweiten Kapitel werden deshalb ebenjene Spezifika aufgefächert (2.1). Hier zeigt sich, dass die differenzierte Relationierung dieser beiden Konzepte zur Sozialarbeitswissenschaft sinnvoll und nötig ist. Die Diskussion der Spezifika Sozialer Arbeit ermöglicht im folgenden Kapitel, die allgemeine Arbeitsdefinition von Transdisziplinarität zu spezifizieren (2.3). Hier wird skizziert, wie Transdisziplinarität innerhalb des sozialarbeitswissenschaftlichen Diskurses thematisiert und in Bezug auf welche Felder Sozialer Arbeit ihr Relevanz zugesprochen wird. Das dritte Kapitel, der Hauptteil dieser Untersuchung, widmet sich vor dem Hintergrund dieser Diskussion den konkreten sozialarbeitswissenschaftlichen Vorschlägen zu einer transdisziplinären Konstitution Sozialer Arbeit. Er gliedert sich in die Rekonstruktion der Konzepte (3.1), ihren Vergleich (3.2) sowie einen vertieften Vergleich (3.3), der die Chancen und Grenzen der Konzepte diskutiert.

Die getroffene Auswahl der sozialarbeitswissenschaftlichen Konzepte umfasst den größten Teil der im deutschsprachigen Raum eingebrachten Vorschläge zu einer transdisziplinären Konstitution Sozialer Arbeit.[4] Sie stammen von den Autoren Heiko Kleve, Wolf Rainer Wendt, Ernst Engelke, Hans-Jürgen Göppner und Juha Hämäläinen sowie Werner Obrecht. In ihre Auswahl sind verschiedene Faktoren eingeflossen: Die Arbeiten Kleves etwa qualifizieren sich neben der eindeutigen thematischen Relevanz durch ihre Präsenz in der fachwissenschaftlichen Theoriebildung. Wie auch bei dem Konzept Obrechts handelt es sich bei

---

[4] Auf weitere Konzeptionen wie die von Pfaffenberger (1993) oder Gredig/Sommerfeld (2010) kann an dieser Stelle deshalb nur verwiesen werden.

seinen Arbeiten außerdem um umstrittene Beiträge zur wissenschaftlichen Zukunft der Disziplin, die Irritationen und Abgrenzungen provozieren.[5] Die Arbeiten Engelkes wurden aufgrund ihrer Schlüsselstellung in der Debatte um eine Wissenschaft Sozialer Arbeit einbezogen. Das Konzept Wendts legt seinen Einbezug durch die prominente mehrmonatige Präsentation auf der Startseite der Deutschen Gesellschaft für Soziale Arbeit nahe und die Publikationen von Göppner und Hämäläinen wurden aufgrund ihrer kontinuierlichen Thematisierung von Transdisziplinarität als Attribut einer Praxiswissenschaft in die Vorstellung einbezogen.

Die Vorstellungen von Transdisziplinarität in der Sozialarbeitswissenschaft sind eng verwoben mit den jeweiligen Wissenschaftsentwürfen, die die Autoren favorisieren. Aus diesem Grund werden die jeweiligen Transdisziplinaritätskonzepte kontextsensibel an eben jene Wissenschaftsentwürfe zurückgebunden. Die *Rekonstruktion* nutzt vor diesem Hintergrund *zwei Strukturierungsweisen*: Eine *Grobstruktur* ordnet die fünf Konzeptionen danach, wie disziplinär autonom oder heteronom die Auswahl und Bewertung von multidisziplinärem und heterogenem Wissen erfolgt. Die Frage lautet hier: Wie stark bestimmt die Disziplin Soziale Arbeit über die Auswahl relevanten Wissens bzw. wie stark wird dies von Nachbardisziplinen übernommen? Die hier rekonstruierten Verständnisse von Transdisziplinarität besetzen dabei exemplarisch unterschiedliche Positionen im Spannungsfeld von disziplinärer Heteronomie und Autonomie.

Die *Feinstruktur* der Rekonstruktion umfasst sieben Faktoren, die neben den Abgrenzung zu Inter- und Multidisziplinarität etwa auch nach dem Mitteln zur Umsetzung von Transdisziplinarität fragen. Da sich die Konzepte von Kleve und Wendt einerseits sowie die von Obrecht und von Göppner und Hämäläinen andererseits in ihrer Positionierung in Spannungsfeld disziplinärer Autonomie und Heteronomie ähneln, werden diese zusammen vorgestellt.

---

[5] Zur Abgrenzung vom Konzept der postmodernen Sozialarbeitswissenschaft sei hier beispielhaft auf Engelke (2003, S. 34 ff., 476 f.) und zu der gegenüber dem Modell der Integrationswissenschaft Wendt (2006, S. 9) verwiesen.

Den Anfang macht dabei die Rekonstruktion des Transdisziplinaritätskonzepts der postmodernen Prozesswissenschaft von Kleve und der transdisziplinären Handlungswissenschaft von Wendt (3.1.1). Es schließen sich die Modelle der Integrationswissenschaft Engelkes (3.1.2) sowie das der transdisziplinären Praxiswissenschaft von Göppner und Hämäläinen und schließlich das Modell der transdisziplinären integrativen Handlungswissenschaft nach Obrecht (3.1.3) an. Sowohl in der Vorstellung als auch im Vergleich werde ich der zum Teil anzutreffenden begrifflichen Unschärfe der Konzepte insoweit begegnen, als ich auf inhaltliche wie formale Merkmale der Transdisziplinaritätsmodelle eingehe. Dabei werde ich explizit Mehrfachbestimmungen von Begriffen sowie Widersprüchlichkeiten benennen, um die Klarheit meiner Ausführungen zu gewährleisten.

Vor dem Hintergrund der Rekonstruktion der Konzepte erfolgt in einem zweiten Schritt ihr *Vergleich* (3.2). Vergleiche werden hier begriffen als explizit standpunktgebundene Lieferanten von Relationswissen (3.2.1). Nachdem die vier Dimensionen des Vergleichs vorgestellt wurden (3.2.2) werden die rekonstruierten Verständnisse von Transdisziplinarität zueinander ins Verhältnis gesetzt (3.2.3), wobei inhaltliche wie formale Merkmale berücksichtigt werden. Die Rekonstruktion wie auch der Vergleich dienen dazu, die Leitfrage dieser Untersuchung zu beantworten: Was verbirgt sich hinter dem Begriff einer transdisziplinären Sozialarbeitswissenschaft und was sind die Chancen und Grenzen der skizzierten Konzepte im Hinblick auf die Weiterentwicklung Sozialer Arbeit?

Die erste Vergleichsdimension (3.2.3.1) zielt dabei auf die zugrunde liegenden Bearbeitungsprobleme ab, auf die hin Transdisziplinarität als notwendiges Instrument hin eingesetzt werden soll (Warum-Frage). Die zweite Vergleichsdimension (3.2.3.2) fragt nach den Akteuren der Verknüpfung bzw. Integration von Wissen (Wer-Frage). In der dritten Dimension (3.2.3.3) sollen formale Charakteristika der Konzepte, Mittel zur Umsetzung von Transdisziplinarität und die Möglichkeit von Falsifikation beleuchtet werden (Wie-Frage). Die letzte Vergleichsdimension (3.2.3.4) beschäftigt sich mit der Frage, welche der drei potenziell möglichen Operationen der Selektion, Modifikation und Integration bzw.

Verknüpfung von Theorien und Wissen jeweils berücksichtigt werden. Auf Basis des gewonnenen Relationswissens wird in der Schlussbetrachtung der Vergleich zugespitzt auf die Diskussion der Konzeptionen mit dem höchsten Ausarbeitungsgrad (3.3). Dabei handelt es sich um das Modell der postmodernen Koordinationswissenschaft (Kleve) sowie das der integrativen Handlungswissenschaft (Obrecht).[6] Die Ergebnisse dieser Untersuchung werden im Schlusskapitel zusammengefasst.

Begriffliche Klärung

In diesem Vergleich werden einige begriffliche Setzungen und Unterscheidungen genutzt, die ich kurz skizzieren möchte. Ist undifferenziert von *Wissenschaft* die Rede, so ist damit ein konkretes soziales, gesellschaftlich institutionalisiert System bezeichnet. Während das primäre Interesse von *Realwissenschaften* im Auffinden möglichst wahrer und gehaltvoller Erkenntnisse über die Welt liegt, die sich empirisch und vermittelt über den wissenschaftlichen Diskurs der Mitglieder bewähren müssen, verfügen Formalwissenschaften wie Mathematik nicht über die Möglichkeit empirischer Wahrheit.[7] Analytisch lassen sich zwei unterschiedlich ausgerichtete Wissenschaftstypen innerhalb der Realwissenschaften unterscheiden, nämlich *Erkenntnis- bzw. Objektwissenschaften* und *Handlungswissenschaften*. Diese Unterscheidung ist weder die einzig mögliche noch beruht sie auf ausschließlichen Zuständigkeiten für Erkenntnis oder Handeln. Vielmehr ist sie in der Lage, *primäre Interessen* zu benennen, nämlich im ersten Fall die Beschreibung und Erklärung eines Phänomens, im zweiten die Veränderung des-

---

[6] Da drei der fünf exemplarischen Konzepte keinen Eingang in die Schlussbetrachtung geben, liegt die Frage nahe, warum sie trotzdem rekonstruiert und skizziert werden. Dieser Einwand verkennt jedoch die Bedingung seiner Möglichkeit: Erst vor dem Hintergrund einer Rekonstruktion der Vorschläge und ihres Vergleich können diese überhaupt als theoretisch heterogene Alternativen in den Blick geraten.
[7] Diese Unterscheidung übernehme ich von Schurz (2006, S. 32 ff.).

selben (synonym lässt sich in diesem Sinne auch von technologischen Disziplinen[8] sprechen). Den Begriff *Sozialer Arbeit* verwende ich für die Gesamtheit der drei Bereiche Disziplin, Ausbildung und Praxis.[9] Sind nur einzelne Bereiche angesprochen, wird dies entsprechend deutlich gemacht. In meinen Ausführungen bezeichnet der Terminus Soziale Arbeit auch das Feld der stärker erziehungswissenschaftlich geprägten Sozialpädagogik. Damit sollen inhaltliche oder konzeptionelle Unterschiede nicht negiert werden sie erscheinen mir jedoch in Bezug auf die Fragestellung dieser Arbeit als nachrangig.[10] *Sozialarbeitswissenschaft* im weiten Sinne bezeichnet die Disziplin Sozialer Arbeit. Innerhalb dieser Disziplin unterscheide ich begrifflich *Fachwissenschaft* (Sozialarbeitswissenschaft im engeren Sinne) und *Bezugswissenschaften*.[11]

In dieser Arbeit nutze ich den Begriff des *Konzepts*, um die Beiträge zur transdisziplinären Konstitution einer Sozialarbeitswissenschaft zu bezeichnen.[12] Dieser relativ unspezifische Begriff erscheint mir geeignet, die Rekonstruktion der mit dem Begriff der Transdisziplinarität verknüpften Vorstellungen anzuleiten. Eine spezifischere Bezeichnung, die dem unterschiedlichen Ausarbeitsgrad

---

[8] Auch Sommerfeld (1996, S. 28) kennzeichnet technologische Disziplinen als solche mit „konstitutivem Handlungsbezug". Diese Begrifflichkeit impliziert nicht das so genannte technokratische Menschenbild, gegen welches sich ein Großteil der Kritik von geisteswissenschaftlicher Seite (Ignoranz des Eigensinnes von Menschen und der Bedeutung des Verstehens) richtet.

[9] Mit der Wahl dieser dreiteiligen Unterscheidung schließe ich mich einer verbreiteten Einteilung an. Vergleiche hierzu Engelke (2003, S. 27 f.); Göppner und Hämäläinen (2004, S. 298 f.); Rauschenbach und Züchner (2005). Die Differenzierung von Praxis und Profession wird in der Diskussion der Konzepte aufgegriffen.

[10] Ein wesentlicher Unterschied besteht nach Mühlum (2004b, S. 11) darin, dass „die Funktionslogik des Hilfesystems nicht pädagogisch, sondern sozialpolitisch bestimmt [ist]". Außerdem umfasse der international verbreitete Begriff des „Social Work" sozialpädagogische Perspektiven und Theorien, was umgekehrt nicht gelte. Für eine Verhältnisbestimmung von Sozialer Arbeit und Sozialpädagogik siehe etwa Göppner und Hämäläinen (2004, S. 228 ff.).

[11] Engelke (2003, S. 337) identifiziert zwölf Bezugswissenschaften. Dabei handelt es sich um Theologie, Philosophie, Politikwissenschaft, Geschichte, Ökonomie, Soziologie, Ethik, Recht, Pädagogik, Psychologie, Medizin, Biologie. Klüsche (1999, S. 80 ff.) macht dagegen sechs Bezugsdisziplinen aus und verweist daneben auf zentrale Erklärungs- und Handlungsansätze Sozialer Arbeit.

[12] Synonym wird der Begriff „Modell" genutzt.

der Konzepte Rechnung trägt, kann ein Ergebnis, nicht jedoch der Ausgangspunkt dieser Untersuchung sein.

Wird von wissenschaftlichen oder nichtwissenschaftlichen Theorien bzw. Wissen gesprochen, so wird auf einen Unterschied in der Prägung abgestellt. Der Terminus Wissen hebt dabei hervor, dass es sich um gedachte und somit konkret abrufbare Theorien handelt. Als nichtwissenschaftliche Theorien bzw. nichtwissenschaftliches Wissen werden solche begriffen, die außerhalb des Wissenschaftssystems begründet wurden, beispielsweise Alltagswissen, Wissen über spezifische Situationen oder Wertewissen. Wissenschaftliches Wissen zeichnet sich demgegenüber dadurch aus, dass es entweder im Prozess wissenschaftlichen Forschens gewonnen wurde und sich bewährt hat oder/und die Wissenden eine bewusst kritische Haltung zu ihrem Wissen einnehmen.[13] Diese Unterscheidung ist selbstverständlich weder völlig trennscharf zu ziehen noch impliziert sie eine pauschal positive Bewertung wissenschaftlichen Wissen.[14] Der Begriff des heterogenen Wissens stellt auf die faktisch stets anzutreffende Kopräsenz und Vermischung wissenschaftlichen und nichtwissenschaftlichen Wissens in jeglichen akteursgebundenen Wissenskorpora ab.

---

[13] Beim wissenschaftlichen Wissen wird kontinuierlicher als beim Alltagswissen die Möglichkeit der Falschheit des Wissens bzw. der Unzulänglichkeit menschlichen Erkennens und Denkens angenommen. Dabei ist nicht ausschlaggebend, ob Begrenzungen bekannt sind, sie werden jedoch in so weit in Rechnung gestellt, als besondere Anstrengungen zum Erwerb wissenschaftlicher Erkenntnis bzw. wissenschaftlichen Wissens gemacht werden. Dazu zählen die Berücksichtigung logischer Methoden, der im Vergleich zum Alltagsdenken große Zeitumfang, der für Forschungsprojekte vorgesehen ist, und die Forderung nach dokumentierten, replizierbaren Versuchen. Die benannten Maßnahmen antworten nicht zuletzt auf die systematischen Grenzen von Alltagstheorien und alltäglichen Verstehensprozessen. Vergleiche hierzu Dörner (2000, S. 288 ff.).

[14] Im Falle von Situationswissen beispielsweise kann dieses oftmals überhaupt nicht wissenschaftlich qualifiziert sein, weil z. B. Möglichkeiten der Replikation der Situation fehlen.

Erste Erkundungen und allgemeine Arbeitsdefinition

Der Begriff der Transdisziplinarität hat seit seiner ersten Erwähnung durch Erich Jantsch[15] einen erheblichen Bedeutungswandel erlebt: Von den Geisteswissenschaften vor allem im Bereich der Philosophie entwickelt, wird er mit anderen Schwerpunkten auch in Naturwissenschaften und speziell in Handlungswissenschaften wie der Sozialen Arbeit und der Umweltwissenschaft[16] aufgegriffen und in unterschiedlichen Varianten diskutiert. Eine erste allgemeine Annäherung an den Begriff erfolgt hier zunächst darüber, dass Gemeinsamkeiten der verschiedenen philosophischen und sozialarbeitswissenschaftlichen Konzepte umrissen werden. Dabei soll kein gemeinsames Kernverständnis behauptet werden. Dieses Vorgehen gilt lediglich der Identifikation eines relativ geteilten Aussagenbereichs und ermöglicht eine erste Orientierung im Sinne einer *Arbeitsdefinition* von Transdisziplinarität.

Versucht man sich an einer solchen allgemeinen Arbeitsdefinition, so bietet es sich an, die *vier* folgenden *Dimensionen* zu berücksichtigen: Auf Transdisziplinarität wird zumeist vor dem Hintergrund spezifischer *Problemlagen* rekurriert. Ort der Beschäftigung mit derartigen Problemlagen ist das System der *Wissenschaft*. Bei der Erklärung des Gegenstandes greifen die beteiligten Forscher auf verschiedene *Formen von Wissen* zurück. Häufig spielt im Bearbeitungsprozess das Ziel der *Initiierung von Veränderung* an dem Untersuchungsgegenstand, der spezifischen Problemlage, eine Rolle. Bezüglich der *Problemlagen*, in denen Transdisziplinarität von Bedeutung ist, handelt es sich um Probleme, die in irgendeiner Weise als komplex begriffen werden. In den meisten Konzeptionen wird dabei gesellschaftlichen Akteuren die Möglichkeit zur Mit-definition des Forschungsgegenstandes eingeräumt.[17] Als Forschungsgegenstände sind diese

---

[15] Vergleiche Jantsch (1972).
[16] Vergleiche Blättel-Mink et al. (2003).
[17] Siehe als ein Beispiel hierfür Scholz/ Marks (2001, S. 237). Für die Soziale Arbeit bezeichnend ist die Gegenstandsdefinition Klüsches (1999, S. 17): „Die Wissenschaft Sozialer Arbeit ist die Lehre von den Definitions-, Erklärungs- und Bearbeitungsprozessen gesellschaftlich und professionell als relevant angesehener Problemlagen."

Problemlagen „wissenschaftlich heimatlos" und deswegen „potentiell allemal interdisziplinäre Probleme",[18] die sich nicht durch vereinzelte Forschungsanstrengungen lösen lassen.[19] Als Indikatoren für die Komplexität einer Problemlage werden etwa die Notwendigkeit des Zugriffes auf das Problem durch mehrere Disziplinen und die relativ schwere Vorhersagbarkeit der Zustandsänderungen betrachtet.[20] In der sozialarbeitswissenschaftlichen Diskussion ist es eben jene „Komplexität des Wirklichkeitsausschnittes",[21] die zu der häufig geäußerten Forderung führt, Soziale Arbeit müsse ihren Gegenstand möglichst ganzheitlich beschreiben, erklären und bearbeiten.[22]

Unabhängig davon, ob es sich beim Gegenstand Sozialer Arbeit um soziale Probleme[23] oder die alltägliche Lebensführung[24] handelt, stößt man auf zahlreiche Bezugswissenschaften, die den Gegenstandsbereich ebenfalls mehr oder weniger peripher bearbeiten. Die disziplinäre Verfasstheit der *Wissenschaft* muss dabei als historisches Artefakt begriffen werden. Die disziplinären Gegenstände der beforschten Welt werden nicht „arbeitsteilig" abgesteckt im Sinne einer „ontologischen Korrespondenz zwischen Disziplin und sozialer Realität",[25] sondern um sie wird gekämpft, sie werden besetzt und verteidigt. Krüger begründet in diesem Zusammenhang die intra- und interwissenschaftlichen Kooperationsprobleme mit der „Doppelorientierung"[26] von Disziplinen auf ihren Gegenstand ei-

---

[18] Krüger (1987, S. 118).
[19] Vergleiche Mittelstraß (2001, S. 118).
[20] Zu letzterem vergleiche die Ausführungen von Jeffrey et al. (2001, S. 182 ff). Für die Soziale Arbeit siehe Staub-Bernasconi (2007, S. 265).
[21] Sahle (2004, S. 331).
[22] Vergleiche Obrecht (2001a, S. 19); Sommerfeld (2006, S. 291). Kleve (1999, S. 56 f.) unterscheidet in diesem Zusammenhang drei Verwendungsarten des Begriffes „Ganzheitlichkeit": Multidimensionalität, Multiperspektivität und Multireferentialität.
[23] Für diese Gegenstandsbestimmung siehe Engelke (2003) sowie Kleve (1999). Obwohl Obrecht (2001a, S. 106 f.) die differenziertere Gegenstandsbestimmung anbietet, in der zwischen dem Gegenstand der Wissenschaft Sozialer Arbeit (theoretische Probleme) und dem der Profession (praktische Probleme) unterschieden wird, greife ich in dieser Arbeit auf ein weniger differenziertes Verständnis zurück, um eine höhere Anschlussfähigkeit zu gewährleisten.
[24] Dafür optiert beispielsweise Wendt (1994). Zur Lebensbewältigung siehe etwa Böhnisch (2002).
[25] Göppner und Hämäläinen (2004, S. 86).
[26] Krüger (1987, S. 117 ff.).

nerseits und ihr spezifisches Erkenntnis- oder Veränderungsinteresse andererseits. Wie Krüger treffend herausstellt, ist eine Zusammenarbeit „nach dem Motto ‚wenn jede Wissenschaft nur das Ihre tut und gut nachbarschaftliche Beziehungen mit anderen Wissenschaften pflegt, wird das Ganze schon gelingen'"[27] deshalb kaum erfolgsversprechend.

Der Zugriff auf komplexe Problemlagen, besonders wenn ein Veränderungsinteresse besteht, kann unter Umständen den Rückgriff auf das *Wissen* außerwissenschaftlicher Akteure (z.b. in Form von Wertwissen) erfordern.[28] Dies wird besonders deutlich in der Bestimmung des Verhältnisses von Wissenschaft und Gesellschaft bei Nowotny.

Sobald die Existenz praktischer Probleme konstatiert wird, stellen sich neben der Frage nach dem Zustandekommen des momentanen Zustandes (Erklärung der Ist-Situation) Fragen nach dem angestrebten Zustand (Soll- Zustand) und nach den Mitteln zur Erreichung desselben (spezielle Handlungstheorien oder Methoden).[29] Da Transdisziplinarität vornehmlich bei der Untersuchung von multidimensionalen Problemlagen Anwendung findet, gehen mit ihr häufiger als beispielsweise im Falle der Inter- und Multidisziplinarität Ansprüche der *Intervention* einher.

Die Abgrenzung der Transdisziplinarität von Multidisziplinarität ist wesentlich stärker ausgeprägt als die von Interdisziplinarität. Multidisziplinarität wird eher als isoliertes „Nebeneinander von disziplinären Bemühungen um das selbe Thema"[30] verstanden, bei dem „mehrere Wissenschaftsdisziplinen unabhängig voneinander mit verschiedenen Fragestellungen den gleichen Gegenstandsbereich erforschen".[31] Bei Interdisziplinarität wird der Aspekt der kooperativen Zu-

---

[27] Mittelstraß (2001, S. 117).
[28] Dies können im Fall der Sozialen Arbeit die Gesellschaft und die Profession sein. Siehe hierzu Klüsche (2000, S. 50). Zur Einbindung von Stakeholderinteressen und Zielgruppen im Forschungsprozess siehe exemplarisch Bergmann et al. (2010, S.175-186, 196-205).
[29] Zur systematischen Übersicht siehe Geiser (2004, S. 251 ff.) sowie Staub-Bernasconi (1995a).
[30] Obrecht (2002b, S. 7).
[31] Engelke (2003, S. 62).

sammenarbeit im Sinne eines Austausches und eventueller Synthesebildung betont.[32] Disziplinäre Grenzen bleiben dabei in jedem Fall bestehen.

Aus den vier Strukturdimensionen (Problemlage, Wissenschaft, Wissen und Intervention), die sich explizit oder implizit in allen Konzeptionen von Transdisziplinarität ausmachen lassen, lässt sich nun das folgende relativ geteilte Verständnis von Transdisziplinarität als allgemeine Arbeitsdefinition formulieren:

> Transdisziplinarität stellt im weitesten Sinne ein Arbeitsprinzip dar, mit dem disziplinär verfasste Wissenschaft sich der Bearbeitung komplexer lebensweltlicher Problemlagen widmet. Auf die Definition der „Problemlage", das heisst den Gegenstand wissenschaftlicher Bemühungen, haben bewusst nicht ausschliesslich innerwissenschaftliche Akteure Einfluss. Transdisziplinarität überwindet mehr noch als Interdisziplinarität disziplinäre Grenzen. Diese Überwindung kann unter Umständen auch die Hinzuziehung nicht-wissenschaftlichen Wissens implizieren. Häufig geht es neben dem Erklären des Gegenstandes (der spezifischen Problemlage) um die Veränderung desselben. Transdisziplinären Bemühungen wohnt deshalb häufig, wenn auch nicht notwendig, ein Veränderungsinteresse inne.

---

[32] Vergleiche dazu a.a.O., S. 62, 343 ff.; Obrecht (2002b).

1 Transdisziplinarität in der Philosophie – die Arbeiten von Mittelstraß und Gibbons et al.

Während Jantsch den Begriff der Transdisziplinarität 1972 mit der spezifischen Bedeutung eines bildungspolitischen Weges verwandte, der das Ziel hat, die Wirksamkeit und Einflussnahme des Wissenschaftssystems auf die gezielte Reformierung der Gesellschaft zu steigern,[33] lässt sich heute ein nahezu inflationärer Gebrauch konstatieren. Innerhalb und außerhalb der Sozialen Arbeit zum „Zauberwort"[34] der Wissenschaftsentwicklung avanciert, lohnt ein Blick auf die Grundkonzeptionen im Feld der Wissenschaftsphilosophie.

Im Folgenden werde ich zwei Konzeptionen vorstellen – die von Mittelstraß sowie die von Gibbons, Nowotny et al. Mittelstraß prägte vor allem in den 1980er Jahren die wissenschaftsphilosophische Debatte um Interdisziplinarität entscheidend mit, griff in diesem Zusammenhang den Begriff der Transdisziplinarität auf und explizierte ihn in seinen weiteren Arbeiten.[35] Sein Transdisziplinaritätskonzept wird in unterschiedlichen erkenntnis- und handlungswissenschaftlichen Diskursen aufgegriffen.[36] Im sozialarbeitswissenschaftlichen Diskurs beziehen sich etwa Obrecht und Wendt in ihren Konzepten explizit auf die

---

[33] Vergleiche Blättel-Mink et al. (2003, S. 10).
[34] Mittelstraß (2003, S. 5).
[35] Zur Einführung des Begriffes siehe Mittelstraß (1987), zur Explikation vergleiche vor allem Mittelstraß (1997; 2001; 2004).
[36] Vergleiche etwa Blättel-Mink et al. (2003); Hirsch-Hadorn (2005).

Theorie Mittelstraß´, auf die Konzeption von Gibbons et al. nehmen beispielsweise Wendt und Sommerfeld Bezug.[37]

Gibbons et al. publizierten ihre Thesen zum Transformationsprozess der Wissenschaften im 1994 erschienenen Werk „The New Production of Knowledge", das in der Wissenschaftsphilosophie kontrovers diskutiert wurde. Die Autoren diagnostizieren ein neues Verhältnis von Wissenschaft und Gesellschaft, in dessen Folge sich auch die deskriptiven und normativen Auffassungen von Wissenschaft als Institution und den Standards wissenschaftlichen Arbeitens drastisch verändern und sich neue Forschungsformen, insbesondere transdisziplinäres Forschen herausbilden.

1.1 Transdisziplinarität als Reparaturprinzip

Mittelstraß konzipiert Transdisziplinarität als ein Organisations- und Forschungsprinzip der Wissenschaft.[38] Sie greift dort, wo die „Grenzen der Fächer und der Disziplinen [drohen,] zu Erkenntnisgrenzen zu werden",[39] und „wo eine allein fachliche oder disziplinäre Definition von Problemlagen und Problemlösungen nicht möglich ist bzw. über derartige Definitionen hinausgeführt wird".[40] Transdisziplinarität hat somit sowohl intrawissenschaftliche wie extrawissenschaftliche Anliegen: *Intrawissenschaftlich* zielt sie auf eine Veränderung der wissenschaftlichen Ordnung in der Form, dass flexible institutionelle Strukturen geschaffen werden, die es ermöglichen, dass sich „Forschung ihre Ordnung sucht und nicht umgekehrt".[41] Mittelstraß optiert neben der Veränderung der institutionellen Organisation der Wissenschaft auf individueller Ebene für ein weiteres

---

[37] Vergleiche Obrecht (2001a; 2002b) sowie Wendt (2006). Obschon in dieser Untersuchung nicht auf die Untersuchung von Sommerfeld eingegangen werden kann, sei dem Leser jedoch sein Beitrag über die Möglichkeit kooperativer Lernprozesse von Wissenschaft und Praxis am Beispiel des Praxisfelds der Psychiatrie empfohlen, indem auf das von Konzept des *mode two* abgestellt wird.
[38] Vergleiche Mittelstraß (2001, S. 93, 106; 2004, S. 329).
[39] Mittelstraß (2004, S. 329).
[40] Mittelstraß (2001, S. 93).
[41] Vergleiche a.a.O., S. 97, 171.

Mittel zur Reduzierung disziplinärer Engführungen, auf das auch Engelke verweist: Das Modell der Personalunion.[42] Damit ist die Verbindung von Fachdisziplinen in einer Person gemeint, die beispielsweise durch das Studium unterschiedlicher Disziplinen bzw. das Wissen um Theorien aus unterschiedlichen disziplinären Kontexten entsteht.

Extrawissenschaftlich soll Transdisziplinarität als Methode die Asymmetrie zwischen Problementwicklungen der Gesellschaft und denen der Einzeldisziplinen überwinden helfen.[43] Als Verfasser einer wissenschaftsphilosophischen Konzeption widmet sich Mittelstraß vor allem dem Verhältnis der Disziplinen zueinander und den Voraussetzungen einer Kooperation. Die Frage nach den Möglichkeiten der interdisziplinären Kooperation stellt sich auf einer abstrakteren Ebene als die Frage nach der Einheit der Wissenschaften.

Mittelstraß argumentiert für eine Einheit der Wissenschaft – jedoch in einem sehr spezifischen Sinn: Nicht die Einheit der Welt begründet die Einheit der Wissenschaft, sondern die Einheit der wissenschaftlichen Rationalität bzw. der Rationalitätskriterien.[44] Demnach, so Mittelstraß, existiert keine „einfache Vernunft der Tatsachen, der dann auch die Organisation der Wissenschaft folgen könnte".[45] Die Idee von Wissenschaft als System mit „Vernunftzweck", das heißt „dass nicht Gegenstände, Methoden oder theoretische Grenzen die Wissenschaften für sich und gegenüber anderen Wissenschaften hinreichend bestimmen, sondern [...] die Intentionen oder die leitenden wissenschaftlichen Selbstver-

---

[42] Mittelstraß (1997, S. 66) führt als Beispiel Kants zahlreiche Vorlesungen in Philosophie, Mathematik, Logik und Physik an und bemerkt: „Ein Universalismus der Lehre hält die Erinnerungen an einen Universalismus der Theorie wach, legt sich vor den bequemen Weg des schwindsüchtigen Spezialistentums. Auch das Problem der Interdisziplinarität löst sich hier von selbst. Kant hatte sie im Kopf; er mußte sie nicht erst bei Kollegen suchen. Das gleiche gilt für Leibnitz." Siehe zur Personalunion auch Engelke (2003, S. 345).
[43] Vergleiche Mittelstraß (2003, S. 8).
[44] Vergleiche Mittelstraß (1997, S. 63; 2001, S. 116 f). Zu den Rationalitätskriterien, die nach Mittelstraß den wissenschaftlichen Anspruch auf Wahrheit und Objektivität begründen, zählen „Reproduzierbarkeit von Ergebnissen und Nachprüfbarkeit wissenschaftlicher Ergebnisse und Verfahren [...], denen Theorien und Methoden unterliegen." (2001, S. 168).
[45] Mittelstraß (1997, S. 65).

ständnisse, die sich in der wissenschaftlichen Arbeit verwirklichen",[46] entwickelt Mittelstraß anknüpfend an die Arbeiten Immanuel Kants.[47] Mittelstraß nimmt dabei den Gedanken einer Einheit der Vernunft auf und beschreibt mit ihm nicht mehr nur Denk- sondern auch Handlungsprozesse. Danach manifestiere sich wissenschaftliche Rationalität im Forschen als Handeln. Dort verortet Mittelstraß auch Transdisziplinarität: Sie findet primär im Prozess des Forschens Anwendung und erst sekundär als Theorieprinzip, nämlich dann, wenn transdisziplinäre Forschungen Theorien generieren.[48] Im Kontext der Ausbildung von Wissenschaftlern plädiert Mittelstraß für die Notwendigkeit einer „Interdisziplinarität von unten"[49], da die Fähigkeit, interdisziplinär zu forschen notwendig interdisziplinäres Lernen voraussetze.

In älteren Arbeiten wird der Begriff der Transdisziplinarität von Mittelstraß synonym mit Interdisziplinarität verwandt.[50] Im neueren und expliziteren Sinne unterscheidet sich Transdisziplinarität durch die Verwendung *anderer Mittel*, nämlich durch die Etablierung nachhaltiger Veränderungen in wissenschaftssystematischen Orientierungen, von Interdisziplinarität. Letztere erkennt die bestehenden disziplinären Orientierungen an.[51] Transdisziplinarität fungiert nach Mittelstraß jedoch explizit nicht als Weg zu einem „ganzheitlichen Deutungs- und Erklärungsmuster".[52] Diese deutliche Abgrenzung erklärt sich aus der Begründung für die Einheit der Wissenschaften: Demnach ist es nicht die Einheit der Welt mit ihren komplexen Problemlagen, sondern die Einheit der Rationalitätskriterien der Wissenschaft, die die Basis für Transdisziplinarität bildet. Transdisziplinarität beharrt in diesem Zusammenhang explizit auf einer „wissenschaftlichen Optik"[53] der Problembearbeitung.

---

[46] A.a.O., S. 66 ff.
[47] Vergleiche a.a.O., S. 62 ff.
[48] Vergleiche Mittelstraß (2001, S. 95; 2003, S. 22; 2004, S. 329).
[49] Mittelstraß (1997, S. 157).
[50] Vergleiche Mittelstraß (1987, S. 156).
[51] Vergleiche Mittelstraß (2001, S. 93).
[52] A.a.O., S. 94.
[53] A.a.O., S. 95 f.

Zusammenfassend lässt sich feststellen, dass Mittelstraß Transdisziplinarität als notwendige Methode bzw. Prinzip zur Wiedergewinnung der Erkenntnis- und Problemlösungsfähigkeit der Einzeldisziplinen konzipiert, also als Instrument bzw. Reparaturprinzip. Auf universitärer Ebene zielt transdisziplinäre Forschung damit auf die Wiederherstellung einer tragfähigen, nicht zuletzt institutionell veränderten Ordnung ab.

1.2 Transdisziplinarität als neue Konstellation von Wissenschaft und Gesellschaft

Das Transdisziplinaritätsmodell von Gibbons et al. geht von einem als neuartig beschriebenen Verhältnis von Gesellschaft und Wissenschaft aus. Sie umfasst sowohl deskriptive als auch normative Dimensionen. Transdisziplinarität wird dabei mit einer Trias von Begriffen beschrieben: dem *mode two* der Wissensproduktion, der *Kontextualisierung* von Wissenschaft und dem Terminus der *socially robust knowledge*.

Die Arbeiten von Gibbons, Nowotny et al. lassen sich besonders deutlich in einem Aspekt von denen Mittelstraß´ abgrenzen: das Präfix „trans-" wird hier eher im Sinne von „transwissenschaftlich" verwandt. Transdisziplinarität beschreibt demnach eine Forschungsform, die bewusst aus dem Wissenschaftssystem austritt[54] – Mittelstraß dagegen lehnt solch ein Verständnis als unzweckmäßig ab.[55]

---

[54] Vergleiche Nowotny (1997) sowie Gibbons et al. (1994).
[55] So stellt Mittelstraß fest: „Die Behauptung, Transdisziplinarität bedeute ein Überschreiten des Wissenschaftssystems, sei also eigentlich ein *transwissenschaftliches* Prinzip, würde wiederum bedeuten, daß Transdisziplinarität selbst grenzenlos würde bzw. sich in wissenschaftlich nicht mehr bestimmbare Beliebigkeiten auflöste." (ders. 2001, S. 94; Herv. im Original).

Mit dem bewussten Übertreten der Grenzen des Wissenschaftssystems verändern sich auch die Beurteilungskriterien für wissenschaftliche Arbeiten:

„Das Fehlen von wissenschaftlichen Hierarchien und der transdisziplinäre Arbeitsstil haben Folgen für die Kontrolle der wissenschaftlichen Qualität, da zusätzlich zur wissenschaftlichen Qualität andere Kriterien, die stärker auf gesellschaftliche Anforderungen reagieren, zu berücksichtigen sind."[56]

Transdisziplinarität gilt als Forschungsprinzip par excellence im so genannten Modus zwei der Wissensproduktion. Während Modus eins noch durch disziplinäre Problemdefinitionen, die Suche nach allgemeinen Erklärungen und einen hohen Hierarchisierungsgrad der beteiligten Wissenschaftler gekennzeichnet sei, stelle der Modus zwei der Wissensproduktion eine qualitativ neue Form der Erkenntnisgewinnung dar.[57] Jener Modus zwei, in dessen Rahmen transdisziplinäres Forschen stattfindet, wird sowohl deskriptiv als auch normativ bestimmt. *Deskriptiv* reagiert er auf die Globalisierung der Wissensproduktion, anhaltende Demokratisierungsprozesse in Gesellschaft und Wissenschaft und die Zunahme der Absolventen des Hochschulsystems.[58] Mit den genannten Veränderungen gehen Rückwirkungen auf den traditionellen Ort der Produktion wissenschaftlichen Wissens, die Universität, einher,[59] die Forschen im Modus zwei wiederum befördern: Es lässt sich sowohl zunehmende Konkurrenz in der Wissensproduktion konstatieren (an immer mehr außeruniversitären Einrichtungen wird geforscht) als auch Konkurrenz in der Wissensvermittlung (durch neue Kommunikationstechnologien). Außerdem nehmen plurale Motivationen für Forschung zu (zur wissenschaftlichen Neugier hinzu treten z. B. Wünsche nach Veränderungen als problematisch erlebter Verhältnisse).

Auf der *normativen Ebene* erscheint Modus zwei als zu befürwortende Antwort auf die oben beschriebenen Veränderungen, zu denen auch und nicht zuletzt der zunehmende gesellschaftliche Problemdruck gehört, den etwa No-

---

[56] Nowotny (1997).
[57] Vergleiche Gibbons und Nowotny (2001).
[58] Vergleiche a.a.O., S. 73 sowie Gibbons et al. (1994, S.111 ff.).
[59] Vergleiche Nowotny (1997) sowie Nowotny et al. (2004, S.105-124).

wotny konstatiert.[60] In der universitären Ausbildung und Forschung wird die zunehmende Transdisziplinarität als Stärke der traditionellen Wissensproduktionsstätte Universität gewertet.

Auf die Veränderungen des Wissenschaftssystems durch Transdisziplinarität, die bewusst Gefahren der Verwässerung wissenschaftlicher Standards und der Minderung wissenschaftlicher Unabhängigkeit antizipiert, haben zahlreiche Kritiker mit Ablehnung reagiert: Es handele sich beim Modus zwei um „a sort of untamed capitalism, deregulaton, flexibility or neo-liberation".[61] Nowotny und Gibbons antworten auf diese Kritik mit dem Einwand, dass in der Realität kaum noch eine Trennung von angewandter und Grundlagenforschung auszumachen sei. Werde dies nicht zur Kenntnis genommen, laufe man Gefahr, gerade jene faktischen Beziehungen zwischen Staat, Wissenschaft und Industrie „im Hinterzimmer" wissenschaftlichen Handelns auszublenden, nur um das Bild der *eigentlichen, reinen* Wissenschaft im Sinne einer *science in the front room*[62] aufrechtzuerhalten.

Bei diesem Transdisziplinaritätsverständnis handelt es sich also um eine Neubegründung des Verhältnisses von Wissenschaft und Gesellschaft. Dabei sind zwei Fragen zentral: Was leistet Wissenschaft *für* Gesellschaft und was bedeutet der Umstand, dass Wissenschaft immer *in* einer Gesellschaft agiert? Die erste Frage thematisiert Nowotny unter dem Begriff der *Kontextualisierung*, die zweite Frage mit der Forderung nach *socially robust knowlegde*.[63]

Kontextualisierung bezieht sich sowohl auf den Anwendungs- (*context of application*) als auch auf den Entstehungskontext des Wissens (*context of implication*). Der Anwendungskontext des Wissens ist durch seine Spezifität und Komplexität geprägt. Der *context of implication* meint das In-Rechnung-Stellen von Bürgern als Finanziers von Forschung, als Betroffene und als Koproduzen-

---

[60] Vergleiche Nowotny (1997).
[61] Gibbons und Nowotny (2001, S. 73).
[62] Ebd.
[63] Vergleiche a.a.O., S. 78.

ten von in der Forschung entwickelten Interventionsstrategien.[64] Entsprechend lautet die Forderung, dass *socially robust knowledge* den Verlauf eines jeden Forschungsprozesses begleiten sollte, da gesellschaftliche Akteure und Gruppen Forschungsresultate in Form von Produkten oder Handlungsempfehlungen annehmen oder aber ablehnen können. In diesem Zusammenhang erscheint es notwendig, die Interessen, Ängste und Vorbehalte der Bevölkerung ernst zu nehmen, zu reflektieren und in die Forschungslogik einzubeziehen. Ziel ist dabei nicht die Vermeidung von Kontroversen zwischen Wissenschaft und Gesellschaft, sondern zunächst einmal die Berücksichtigung von gesellschaftlichen Akteuren im wissenschaftlichen System der Wissensproduktion.[65]

---

[64] Vergleiche a.a.O., S. 77 f.
[65] Vergleiche a.a.O., S. 79.

2 Treffen sich drei ... – Übertragungschancen und -grenzen der philosophischen Konzepte auf Soziale Arbeit

Die beiden hier vorgestellten prominenten wissenschaftsphilosophischen Verständnisse von Transdisziplinarität dienen innerhalb des sozialarbeitswissenschaftlichen Diskurses als Bezugsfolien. Wenn Begriffe, Konzepte und Theorien in andere gesellschaftliche Kontexte, etwa die Praxis eines Berufsfeldes übernommen werden, finden stets und unvermeidbar Verkürzungen, Veränderungen und Simplifizierungen statt.[66] Diese werden im Normalfall nicht mit thematisiert. Innerwissenschaftlich besteht jedoch keine Notwendigkeit für derartige Verkürzungen, im Gegenteil. Wenn Begrifflichkeiten und Konzepte aus anderen disziplinären Kontexten übernommen werden, so stellt sich die Frage, was mit einer derartigen Übernahme an Einsichten und Perspektiven gewonnen wird und ob bzw. inwiefern eine einfache Übernahme des Begriffsverständnisses überhaupt Sinn macht. Zu diesem Zweck möchte ich die Möglichkeit einer einfachen und kombinierten Übernahme der beiden Konzepte explizit diskutieren.

Dazu gilt es zunächst, die Eigenheiten der „Disziplin" Sozialer Arbeit herauszustellen, was unter anderem bedeutet, Soziale Arbeit in Abgrenzung zu traditionellen bzw. etablierten Wissenschaftsdisziplinen charakterisieren (2.1). Im Anschluss werde ich jene Übertragungsmöglichkeiten und Grenzen der philosophischen Konzeptionen thematisieren (2.2.). An diese Erörterung schließt sich im Rückgriff auf die Arbeitsdefinition von Transdisziplinarität die Sondierung

---

[66] Vergleiche am Beispiel der Veränderungsprozesse soziologischen Wissens etwa Kühl (2003).

und Diskussion derjenigen institutionalisierten Bereiche an, in denen Transdisziplinarität im sozialarbeitswissenschaftlichen Diskurs potenziell relevant werden kann bzw. thematisiert wird (2.3). Schließlich werden fünf exemplarisch ausgewählte sozialarbeitswissenschaftliche Transdisziplinaritätskonzepte vorgestellt (3.1).

2.1 Spezifika Sozialer Arbeit

Transdisziplinarität stellt für Mittelstraß, wie gezeigt werden konnte, eine Antwort auf das *Problem disziplinärer Engführungen* dar. Im Fall der Sozialen Arbeit jedoch lässt sich mit einiger Berechtigung die Frage stellen, ob diese Form der Engführung die Vergangenheit und Gegenwart Sozialer Arbeit prägt. Sollten sich kaum fachwissenschaftliche Engführungen ausmachen lassen, dann würde Transdisziplinarität in Mittelstraß` Sinne als Reparaturprinzip obsolet. Zur Diskussion der Problematik der Engführung bietet sich die Mitberücksichtigung der Felder der Praxis und Lehre an.[67]

Eine erste Vermutung lautet: *Charakteristische Unterschiede Sozialer Arbeit zu traditionellen Disziplinen*[68] *machen sowohl disziplinäre sozialarbeitswissenschaftliche Engführungen als auch Engführungen in der Lehre und Praxis Sozialer Arbeit wenig wahrscheinlich.*

Um ihr nachzugehen, möchte ich zentrale Differenzen schwerpunktmäßig aufführen. Ausgehend von der Trias der Disziplin, Lehre und Praxis Sozialer Arbeit lässt sich *erstens* konstatieren, dass es sich im Fall der Disziplin um den zuletzt institutionalisierten Bereich Sozialer Arbeit handelt. Erst in den 1980er Jahren wurde Sozialer Arbeit überhaupt disziplinäre Eigenständigkeit zugespro-

---

[67] An diese Trias werde ich in den Kapiteln 2.3 und 3.2 anschließen.
[68] Mit diesem Begriff sind etablierte Natur-, Geistes- und Sozialwissenschaften bezeichnet, an die Mittelstraß (1997, S. 71) seine Situationsanalyse adressiert. Im Folgenden sind mit dem Terminus „traditionelle Disziplinen" universitär verankerte Disziplinen bezeichnet, die innerwissenschaftlich als eigenständige Disziplinen anerkannt werden und deren Fortbestehen mittelfristig ökonomisch wie sozial als gesichert gelten kann.

chen.[69] Disziplininterne Zweifel an der Eigenständigkeit Sozialer Arbeit als Wissenschaft reichen bis in die Gegenwart,[70] obschon Befürworter einer Sozialarbeitswissenschaft von einer mehr als einhundert jährigen Phase der „Konstituierung und Etablierung der Sozialen Arbeit als Wissenschaft"[71] sprechen. Die Selbst- und Fremdbeschreibung Sozialer Arbeit als wissenschaftlicher Disziplin stellen damit relativ junge Phänomene dar.

Neben dem geringen Alter der Disziplin unterscheidet sich Soziale Arbeit *zweitens* von traditionellen Wissenschaftsdisziplinen im deutschsprachigen Raum durch ihre primäre Verortung auf Fachhochschul- statt auf universitärer Ebene.[72] Mit diesen Rahmenbedingungen geht ein größerer Anteil von Lehrdeputaten für Wissenschaftler einher, sodass umfangreiche Forschungsvorhaben, abgesehen von Finanzierungsfragen, bereits personell an Grenzen stoßen. Personelle Schwierigkeiten ergeben sich außerdem durch die erschwerten Promotionsbedingungen für Fachhochschulabsolventen. Diese Rahmenbedingungen haben nicht zuletzt dazu beigetragen, dass Disziplin und Lehre über lange Zeit nahezu vollständig von einem bezugswissenschaftlichen Lehrkörper geprägt wurden – eine Entwicklung, die nicht per se als problematisch gelten darf, sich aber doch abhebt von der Entwicklung etablierter Disziplinen.

---

[69] Ein Beispiel: In ihrem Untersuchungsbericht des Zeitraumes von 1984-88 räumten Kultusministerkonferenz (KMK) und Hochschulrektorenkonferenz (HRK) ein, dass sich eine eigene Sozialarbeitswissenschaft entwickelt hätte. Die erste offizielle Anerkennung als Fachwissenschaft erlebte Soziale Arbeit von dieser Seite jedoch erst im Juli 2001 im Zuge der Verabschiedung einer gemeinsamen Rahmenordnung für die Diplomprüfungsordnung des Studiengangs durch die Hochschulrektorenkonferenz, die im Oktober 2001 von der Kultusministerkonferenz bestätigt wurde. Vergleiche hierzu Engelke (2003, S. 129 ff); Mühlum (2004a, S. 7) und HRK und KMK (2001).
[70] So betont Merten (2000, S. 222) in einem Aufsatz mit dem illustrativen Titel „Sozialarbeitswissenschaft! Oder: Vom Versuch, einen Pudding an die Wand zu nageln", es sei „nicht zu erkennen, dass die bisher unter dem Label Sozialarbeitswissenschaft firmierenden Ansätze mehr bieten als konkurrierende Unternehmen, und dieses Mehr müsste schon erkennbar sein, wollen sie eine eigene *Wissenschaft* begründen."
[71] Engelke (2003, S. 265).
[72] Hamburger et al. (2005, S. 115) weisen darauf hin, dass die Etablierung Sozialer Arbeit auf universitärer Ebene in jenen Ländern, in denen keine bzw. kaum eine universitär verankerte Sozialpädagogik existierte, weit weniger problematisch war als in solchen, wo dies der Fall war.

Drittens setzte die institutionalisierte Lehre Sozialer Arbeit ebenfalls relativ spät, nämlich um 1900 ein.[73] Erst ab diesem Zeitpunkt kommt überhaupt die theoretische Möglichkeit der Verengung von Erkenntnismöglichkeiten an der Schnittstelle von Lehre und Praxis ins Spiel.

Geht man vom Zeitpunkt der Institutionalisierung der Lehre Sozialer Arbeit aus, so finden sich eher Hinweise auf die *wechselnde Dominanz von einzelnen bezugsdisziplinären Perspektiven bei genereller disziplinärer Offenheit Sozialer Arbeit*. Exemplarisch für die wechselnde Dominanz einzelwissenschaftlicher Perspektiven kann die Entwicklung der Beratung ab 1960 stehen. So zeigen Nestmann und Sickendieck den Einfluss gesellschaftspolitischer Strömungen auf die Entwicklung der Problemsicht in der Beratung.[74] Demnach wurden etwa klinisch-psychologische Problemsichten, die bis in die 60er Jahre vorherrschten, in den 70er Jahren von soziologisch und pädagogisch geprägten Modellen gesellschaftskritischer Beratung abgelöst.

Zur Illustration des zweiten Teils der obigen These können Entwicklungen in Lehre und Disziplin dienen. Im Bereich der Lehre fehlte bis zur Verabschiedung der Diplomprüfungsordnung für Soziale Arbeit 2001 gänzlich eine verbindliche Fachwissenschaft Sozialer Arbeit. Bis dahin wurde, so Engelke, im Diplomstudiengang Sozialer Arbeit zumeist eine „Akkumulation von Fächern, die mit Fachwissenschaften […] identisch waren"[75] gelehrt.

---

[73] So setzten sich etwa Minna Cauer (1841-1922) und Jeanette Schwerin (1852-1899) seit der Gründung der „Mädchen- und Frauengruppen für soziale Hilfsarbeit" für eine Intensivierung der Ausbildung ein. Schwerin initiierte 1899 erstmals einen „Jahreskurs zur Beruflichen Ausbildung in der Wohlfahrtspflege", den nach ihrem Tod Alice Salomon weiterführte. Vergleiche hierzu Amthor (2003, S. 258 ff) sowie Engelke (2003, S. 65 ff).
[74] Vergleiche hierzu Nestmann/ Sieckendieck (2001).
[75] Engelke (2003, S. 128).

In den 1990er Jahren, als der Diskurs um eine Sozialarbeitswissenschaft begann, wird in einer Einschätzung Mühlums deutlich, dass das Bemühen um disziplinäre Offenheit keine Neuheit darstellt, sondern vielmehr eine Fortschreibung des bisherigen Selbstverständnisses gleichkommt:

> „In der Verständigung der Scientific Community über die Erkenntnisgewinnung mit sozialarbeiterischem Focus versucht die SAW [Sozialarbeitswissenschaft; S.B.] als transdisziplinäre beziehungsweise multireferentielle ‚Querschnittsdisziplin' der geforderten Multiproblemperspektive und Ganzheitlichkeit gerecht zu werden."[76]

Schon diese schlaglichtartige Zusammenschau von Argumenten zeigt, dass Soziale Arbeit gerade *nicht* durch fachwissenschaftliche Engführungen gekennzeichnet ist, sondern sich ganz im Gegenteil erst in den letzten drei Jahrzehnten nachhaltige Diskurse entwickelten, die überhaupt für eine derartige Engführung, gewissermaßen die allmähliche „Disziplinierung" Sozialer Arbeit, werben. Hier möchte ich an Pfaffenbergers Deutung anschließen, die gegenwärtige disziplinäre Situation Sozialer Arbeit als einen Schritt im Prozess der Disziplinwerdung zu begreifen. Dieser Prozess ist prinzipiell „offen für alle möglichen Schicksale des Programms und Karrieren der Disziplin und unabgeschlossen den Einwirkungen der beteiligten Faktoren und Akteure ausgesetzt".[77] Die Zusammenfassung von gegenstands- und problemrelevantem Wissen ereignet sich demnach erst im fortgeschrittenen Stadium der Disziplinwerdung. Ihm voraus geht dabei die Ablösung von Sozialpädagogik als Ursprungsdisziplin, wobei gerade dieser letzte Schritt der „Produktion bereichsspezifischer (d.h. nicht einzelwissenschaftlich disziplinärer) Wissenssysteme"[78] eine typische Herausforderung der Disziplinwerdung darstellt. Ebenjene Forderung nach gemeinsamen Wissenssystemen wird uns in der Vorstellung der sozialarbeitswissenschaftlichen Transdisziplinaritätskonzepte wiederbegegnen.

---

[76] Mühlum (2004b, S. 21).
[77] Pfaffenberger (1993, S. 207).
[78] Ebd.

2.2 Relationierung der philosophischen Konzepte

Im Folgenden möchte ich zunächst auf die wesentlichen Übertragungsprobleme und -möglichkeiten beider Konzepte eingehen und die Vorstellung der sozialarbeitswissenschaftlichen Konzepte mit Hilfe einer konkretisierten Arbeitsdefinition vorbereiten.

Fragt man nach den Problemen bei der *Übertragung des Transdisziplinaritätsmodells von Mittelstraß* auf die Situation Sozialer Arbeit, so zeigt sich *erstens*, dass Mittelstraß (und weniger stark auch Gibbons et al.) Transdisziplinarität als forschungsleitendes Prinzip konzipiert, welches sich jeweils bei konkreten Handlungsanlässen manifestiert. Begreift man Trans-disziplinarität als forschungsleitendes Prinzip, so ließe sich dieses bezogen auf die äußerst geringen Forschungsmittel von Fachhochschulen nur sehr begrenzt zum Einsatz bringen.[79] Soziale Arbeit ist jedoch *permanent* und nicht nur in zeitlich befristeten Forschungsprojekten mit einer Vielzahl von bezugswissenschaftlichen Theorien und Perspektiven in *Disziplin, Lehre* (dies ist zumindest intendiert) sowie *Praxis* (z.B. im Bereich Weiterbildung) konfrontiert.[80] Im Bereich der Lehre etwa bemängelt Mühlum in diesem Zusammenhang noch 1994 „die vorherrschende Vielfalt der Fächer [...], die der angehenden Sozialarbeiterin den inferioren Status als Minisoziologin, Minipädagogin, Minipsychologin vermitteln; von Fächern, deren VertreterInnen in der Lehre ungeniert ihrer eigenen disziplinären Systematik folgen und von Fächern, die meist unverbunden nebeneinander stehen und nur sehr bedingt auf die Lebenswelt der KlientInnen bezogen sind."[81]

Obwohl Mittelstraß' Konzeption nicht auf konstante Kooperationsbeziehungen abzielt, ist eine teilweise Übertragung des Modells in der Form denkbar, dass der Zustand der „Partikularisierung, ja Atomisierung der Disziplinen und

---

[79] Für eine ausführliche Erhebung des Forschungsvolumens an Fachhochschulen, allerdings von 1999, siehe Maier/ Schreiber (1999). Eine aktualisierte Erhebung steht noch aus.

[80] Auf die Bedeutung zeitlich begrenzter Kooperation zur Aufrechterhaltung der Arbeitsmotivation weist auch Voßkamp (1987, S. 102 f.) hin.

[81] Mühlum (1994, S. 45 f.)

Fächer",[82] den Mittelstraß dem Wissenschaftssystem bescheinigt, sich modifiziert als *Mikrosituation* in der Disziplin und Lehre der Sozialen Arbeit wieder findet. Der Grad der Isolierung der Fächer untereinander entspricht dann der Isolierung der Bezugsdisziplinen untereinander. Diese Analogie ist jedoch nicht unproblematisch: Transdisziplinarität darf nach Mittelstraß keine neuen Disziplinaritäten begründen oder sich in anderer Form, z. B. durch ausschließlich transdisziplinär forschende Abteilungen, institutionell verfestigen.[83] Soziale Arbeit wäre demnach nur als von Einzelwissenschaften betriebenes „Großprojekt soziale Probleme" denkbar.

Dies ist disziplinhistorisch gedacht wenig zutreffend: Zwar ließen sich die Anstrengungen von Bezugswissenschaften an der Weiterentwicklung Sozialer Arbeit als ein derartiges Großprojekt fassen, entwickelt man diesen Gedanken fort, so muss jedoch eingewendet werden, dass sich derartige Aktivitäten plausibel nur im bereits institutionalisierten Feld der Lehre entwickeln bzw. entwickelten. Es war gerade nicht der Fall, dass sich Wissenschaftler um 1900 angesichts des wachsenden sozialen Elends zusammenschlossen, um soziale Probleme und Möglichkeiten ihrer Überwindung zu beforschen. Vielmehr handelt es sich bei Sozialer Arbeit um die mühsam erkämpfte Akademisierung einer bestehenden Berufspraxis,[84] deren erster Schritt die Etablierung von Ausbildungen ab 1899 war. Vorher kann im Anschluss an Kruse mitnichten von der Entwicklung eines beruflichen Sektors gesprochen werden, da dieser bis Ende des 19. Jahrhunderts nahezu ausschließlich durch „ehrenamtliche[...] Armenpflege und ‚freie[...] Liebestätigkeit'"[85] bestimmt blieb. Disziplinär gesehen trifft Analoges zu: Die Auswahl relevanter Ausbildungsdisziplinen erfolgte zu Beginn der Institutionalisierung durch die Expertise zwar akademisch gebildeter, aber vor allem in der Pra-

---

[82] Mittelstraß (2001, S. 90).
[83] „Schließlich ist Transdisziplinarität ein *Forschungsprinzip* [...]. Sie leitet Problemwahrnehmungen und Problemlösungen, aber sie verfestigt sich nicht in theoretischen Formen – weder in einem fachlichen oder disziplinären noch in einem holistischen Rahmen." (A.a.O., S. 95).
[84] Vergleiche Engelke (2003, S. 116 ff., 125); Kruse (2004).
[85] Kruse (2004, S. 38).

xis erfahrener Akteure, die auch primär an einer Weiterentwicklung derselben durch ihre Lehre interessiert waren.[86]

Gegen das „Großprojekt-Modell" spricht auch, dass bislang keine Nachbardisziplin Sozialer Arbeit auf eigenes Betreiben zu einem „Projektteilnehmer", also einer institutionalisierten Bezugswissenschaft, geworden ist. Dies mag unter anderem an dem Umstand liegen, dass ein Großteil der Bezugswissenschaften Sozialer Arbeit Objektwissenschaften sind und nur wenige Handlungswissenschaften. Dies impliziert, dass Kooperation nicht nur über disziplinäre Grenzen hinweg stattfinden muss, sondern auch über die Grenze des unterschiedlich starken Interesses an Intervention.

Das *zweite* Übertragungsproblem ergibt sich aus dem hohen Abstraktionsgrad des philosophischen Transdisziplinaritätsmodells. Blättel-Mink et al. konstatieren in diesem Zusammenhang, dass die philosophische Theorie Mittelstraß' kaum auf der Ebene der konkreten Gestaltung transdisziplinärer Forschung operationalisiert ist.[87] Dies führt im Fall Sozialer Arbeit als Disziplin zu der Schwierigkeit, dass jenseits der obigen Gedankenspiele zu einem „Großprojekt Soziale Probleme" weitgehend unklar bleibt, wie mit konkreten Herausforderung bei der Kooperation unterschiedlicher Bezugswissenschaften umgegangen werden soll.

Das *dritte* Übertragungsproblem betrifft die *Umsetzbarkeit des Prinzips der Personalunion,* also der Vereinigung verschiedener Disziplinen in einer Person, das Mittelstraß als ein Mittel zur Überwindung disziplinärer Grenzen vorschlägt. Bei zwei bis drei Disziplinen ist deren Realisation noch denkbar, vor dem Hintergrund von circa zwölf Bezugswissenschaften erscheint sie jedoch aussichtslos.

Viertens lässt sich die explizite Ablehnung des Anspruchs der ganzheitlichen Erfassung von Problemlagen durch Mittelstraß problematisieren. Gerade Ganzheitlichkeit stellt trotz aller beklagten Begriffsdiffusität einen über weite Zeiträume geteilten Wert innerhalb der Disziplin, Lehre und Praxis Sozialer Arbeit dar.[88] Auch wenn es gute Gründe gibt, skeptisch gegenüber den Realisierungs-

---

[86] Vergleiche a.a.O., S. 40.
[87] Vergleiche Blättel-Mink et al. (2003, S. 11).
[88] Vergleiche Kleve (1999, S. 56); Mühlum (2004b, S. 15) sowie Obrecht (2001a, S. 19).

möglichkeiten dieses Wertes zu sein, erscheint mir seine „Verabschiedung" doch voreilig: Auch eine „weniger reduktionistische" Problemdeutung stellt im Feld Sozialer Arbeit einen Gewinn gegenüber einer von engen disziplinären Relevanzkriterien geprägten Deutung dar.

Das *Konzept von Gibbons et al.* schließt insofern eher an die Situation Sozialer Arbeit an, als die Einbindung in Gesellschaft, wenn auch abstrakt, so doch zutreffend beschrieben werden kann. Die Produktion von wissenschaftlichem Wissen an heterogenen, außeruniversitären Orten (beziehungsweise außerhalb der Fachhochschulen) erfolgt beispielsweise im Falle wissenschaftlich begleiteter Pilotprojekte und Evaluationen, an denen Praxiseinrichtungen partizipieren.[89] Die Vorstellung einer am Modus zwei orientierten Forschung als Möglichkeit der kontinuierlichen Weiterentwicklung von Praxis und Disziplin greifen etwa Gredig und Sommerfeld mit dem Modell des „Praxis-Optimierungs-Zyklus" auf.[90]

Auf programmatischer Ebene zeigt sich die Nähe der Sozialarbeitswissenschaft zum gesellschaftlichen Problemverständnis und der professionellen Praxis beispielsweise an der Forderung nach einer Praxiswissenschaft Sozialer Arbeit.[91] Auch Klüsche wirbt in diesem Sinne für ein konstruktives Austauschverhältnis:

> „Die notwendige Kooperation zwischen Forschung und Praxis sollte dabei als ein zweiseitiger, nichthierarchischer Wissenstransfer angelegt sein, um das Ziel der gemeinsamen Problembearbeitung zu erreichen."[92]

Zusammenfassend lässt sich festhalten, dass die Auffassung von Transdisziplinarität, wie sie Gibbons et al. entwickeln, sich durchaus als zutreffend für die momentane Verfassung von Sozialarbeitswissenschaft und ihrer gesellschaftlichen Umwelt begreifen lässt. Auch auf normativer Ebene finden sich Entsprechungen zu sozialarbeitswissenschaftlichen Forderungen einer praxissensiblen und

---

[89] Für eine Übersicht über Praxisforschung und Evaluation in den Ressortbereichen des Bundesministeriums für Familie, Senioren, Frauen und Jugend siehe BMFSFJ (2007).
[90] Vergleiche dazu Sommerfeld et al. (2010) sowie Gredig/ Sommerfeld (2010).
[91] Siehe Göppner und Hämäläinen (2003; 2004).
[92] Klüsche (1999, S. 95).

adressatenorientierten Forschung und Weiterentwicklung. Vor dem Hintergrund dieses Konzepts lässt sich Soziale Arbeit mithin als transdisziplinär verfasst begreifen – doch was folgt daraus? Vorschläge zur Verhältnisbestimmung von Lehre, Disziplin, Praxis und Profession, die im sozialarbeitswissenschaftlichen Diskurs entwickelt werden, fallen demgegenüber wesentlich differenzierter aus. Zusätzlich erscheinen sie instruktiver für die Frage, wie eine produktive Weiterentwicklung genau dieser Disziplin aussehen könnte. Insbesondere findet sich auch in diesem Konzept ähnlich wie im Fall von Trans-disziplinarität als Reparaturprinzip keine Berücksichtigung *permanenter* Modi der Zusammenarbeit zwischen unterschiedlichen Disziplinen.

Auch wenn die Qualifizierung, Soziale Arbeit sei im Sinne des Konzepts Gibbons et al. eine transdisziplinär geprägte Disziplin wenig genuin neue Einsichten bietet und relativ abstrakt bleibt, so ermöglicht sie doch eine Bekräftigung der Forderung, Soziale Arbeit solle in ihrem Verwissenschaftlichungsprozess sensibel für die Perspektiven und Positionen außerwissenschaftlicher Akteure bleiben. Zugleich bietet dieses Attribut Sozialer Arbeit ohne, dass zusätzliche Entwicklungsbemühungen nötig sind, ein positives Identitätsangebot.

2.3 Konkretisierte Arbeitsdefinition

Vor dem Hintergrund der Diskussion Sozialer Arbeit als spezifischer Disziplin lässt sich die allgemeine Arbeitsdefinition von Transdisziplinarität nun konkretisieren:

> Transdisziplinarität in der Sozialen Arbeit formiert sich vor dem Hintergrund einer bestimmten gegenständlichen Problemlage, vornehmlich der Existenz sozialer Probleme sowie von Bearbeitungsproblemen, die den Einsatz von Transdisziplinarität nötig machen. Ort der Beschäftigung mit dem Gegenstand ist nicht mehr allein das wissenschaftliche Feld, sondern die Bereiche der Disziplin, Lehre und/oder Praxis Sozialer Arbeit.

> Transdisziplinarität konkretisiert sich in bestimmten Maßnahmen und/
> oder Zielen, wobei zumeist die beteiligten Sozialarbeitswissenschaftler,
> eventuell auch Praktiker, auf verschiedene Formen von Wissen (heterogenes Wissen) aus unterschiedlichsten Disziplinen (multidisziplinäres Wissen) zurückgreifen, um ihren Gegenstand zu bearbeiten.

Diese spezifizierte Arbeitsdefinition wird durch verschiedene sozialarbeitswissenschaftliche Positionierungen gestützt. Die im Folgenden vorgestellten Modelle von Transdisziplinarität gehen mehrheitlich explizit von Sozialer Arbeit als Handlungswissenschaft aus.[93] In diesem Zusammenhang vertreten alle Theoretiker den Anspruch, neben der Erklärung und Beschreibung sozialer Probleme bzw. des gelingenden und misslingenden Alltags von Menschen auch deren Veränderung durch Linderung und Lösung anzustreben – je nach Erkenntnis- und Wirklichkeitsverständnis in unterschiedlichem Maße.[94] Dieser Veränderungsanspruch wird jedoch nicht als Charakteristikum von Transdisziplinarität behandelt, sondern dem handlungswissenschaftlichen Charakter Sozialer Arbeit zugeschrieben.

Der Einbezug außerwissenschaftlicher Akteure, der in der allgemeinen Arbeitsdefinition noch ein Charakteristikum von Transdisziplinarität darstellt, wird in sozialarbeitswissenschaftlichen Publikationen zwar ausführlich diskutiert,[95] jedoch nicht direkt mit Transdisziplinarität in Verbindung gebracht. Eine Erklärung für dieses Phänomen lässt sich in der Geschichte Sozialer Arbeit als Diszip-

---

[93] Vergleiche Engelke (2003, S. 58); (Göppner und Hämäläinen 2004, S. 74 f.); Obrecht (2000, S. 123); Wendt (2006, S. 3).

[94] Dies wird bereits an der unterschiedlichen Terminologie deutlich: In den konstruktivistischen Modellen, die den Gedanken der Autopoesis nach Varela und Maturana aufgreifen und einbinden, findet sich eine Präferenz für die Begriffe der „Irritation" oder „Selbstveränderung". Vergleiche beispielsweise Kleve 2000, S. 181 ff. Gegenüber dem Terminus „Veränderung" wird hier die begrenzte Möglichkeit zur zielgerichteten Beeinflussung betont. Zur Kritik des systemtheoretisch-autopoetischen Handlungskonzeptes siehe Heiner 1995.

[95] Als Beispiel dafür können die Diskussionen innerhalb der kritischen Sozialarbeit um das Doppelmandat der Hilfe und Kontrolle gelten. Siehe exemplarisch Böhnisch und Lösch (1973) sowie Peters/Crämer-Schäfer (1975).

lin vermuten. Seit der frühen Akademisierung der Berufspraxis sind theoretische Bemühungen von jeher auch auf die Praxis gerichtet. Ihre Themen und Probleme werden aufgegriffen und zum Gegenstand theoretischer Konzeptionen, Theorien und Forschungsfragen gemacht. Als Handlungswissenschaft erscheint die Bezugnahme auf „die Praxis" selbstverständlich. Der Einfluss dritter Akteure wie politischer Interessengruppen, Polizei und Sozialverwaltung oder allgemein der staatlichen Financiers Sozialer Arbeit wurde in zahlreichen Dichotomie-Debatten (z. B. Soziale Arbeit zwischen Fürsorge und Kontrolle) diskutiert. Der direkte Einfluss der Klienten auf die Forschungsfragen einer Sozialarbeitswissenschaft ist meiner Einschätzung nach kaum intendiert. Sie werden eher als beforschte Co-Produzenten sozialarbeiterischer Interventionen in den Forschungsprozess integriert.

Die spezifizierte Arbeitsdefinition weist bereits darauf hin, dass Transdisziplinarität nicht auf den institutionellen Bereich Disziplin bzw. Wissenschaft beschränkt sein muss. So finden sich in der Literatur auch Forderungen, die sich auf Ausbildung und Praxis beziehen. In welchem Bereich Transdiszipli-narität zum Einsatz kommt, hängt neben dem jeweiligen Verständnis derselben als Methode, Ziel, Mittel oder Merkmal von der Frage ab, auf welches Problem Transdisziplinarität antwortet.

Zunächst geht es jedoch darum, zu zeigen, *wo und in welcher Form Transdisziplinarität prinzipiell auftauchen kann.* Die Bearbeitung sozialer Probleme im Sinne der spezifizierten Arbeitsdefinition von Transdisziplinarität kann potenziell in *drei Bereichen* stattfinden: Innerhalb der Wissenschaft, in der Ausbildung und in der Praxis.

Im *wissenschaftlichen Feld* ist sie eingebunden in den Diskurs um Verwissenschaftlichung, wissenschaftliche Standards und Selbstverständnisse.[96] Transdisziplinarität kann hier beispielsweise in Form einer Charakterisierung des favorisierten Wissenschaftstypus thematisiert werden. Außer beim Thema des Wissenschaftssettings taucht Transdisziplinarität auch als Beschreibung für innerdis-

---

[96] Innerhalb dieses Diskurses zählt Göppner (2007) bereits mehr als 1500 Publikationen.

ziplinäre Paradigmen[97] sowie als normatives Ziel[98] und Wirklichkeit bestehender Theorienbildung[99] auf. Häufig wird auf Transdisziplinarität als Lösungsvorschlag für unterschiedliche Probleme der Sozialarbeitswissenschaft rekurriert. Insbesondere die Herausforderung unzusammenhängenden, unsystema-tisierten objektwissenschaftlichen Wissens und die fehlende Hinordnung dieses Wissens auf ihren Gegenstand wird hervorgehoben. Problematisiert werden desweiteren die fehlenden Kriterien für die Auswahl disziplinärer Teiltheorien und Konzepte sowie das Verhältnis von disziplininterner und -externer Theoriebildung.

Im Bereich der *Lehre und Ausbildung* wird Transdisziplinarität für die Organisation der Curricula, besonders für die Gewichtung von Leit- und Bezugswissenschaften zur Fachwissenschaft relevant. Die benannten Probleme in diesem Feld ergeben sich zum großen Teil durch die Vermittlungsschwierigkeiten, die aus dem Spannungsverhältnis von Fach- und Bezugswissenschaft entstehen. Hier stellt sich nicht zuletzt der lange Zeit unterschiedliche akademische Status des Lehrpersonals als Herausforderung für gelingende Kooperationsprozesse dar: Stellen der Bezugswissenschaften wurden meist akademisch, sozialarbeitsspezifische Bereiche meist durch nebenberuflich lehrende Praktiker besetzt.[100] Bemängelt wird häufig die zum Teil geringe Bereitschaft zur theoretisch-konzeptionellen Integration bezugsdisziplinärer Theorien[101] sowie die praktische Überforderung der Studierenden mit der großen Menge unzusammenhängenden Wissens. Die Folgen dieser Überforderung hat Mühlum in treffende Worte gefasst. Er spricht in diesem Zusammenhang von einer „im doppelten Wortsinne „disziplin-lose[n] Ausbildung. Sie neigt zur Überfrachtung des Studiums und

---

[97] Sahle (2004, S. 328) spricht in diesem Zusammenhang von einer „mehrheitlich […] transdisziplinären handlungswissenschaftlichen Konzeption" der von ihr vorgestellten Paradigmen Sozialer Arbeit.
[98] „Das Paradigma [das SPSA; S.B.] betont nicht nur Transdisziplinarität als ein ständig wichtiger werdendes Ziel, sondern es klärt einerseits, unter welchen Bedingungen Transdisziplinarität zu haben ist, weist zweitens auf Ressourcen hin, die zur Erreichung dieses Zieles entscheidend sind, und es nutzt diese drittens, um in einem bestimmten Bereich das Ziel auch zu erreichen." (Obrecht 2000, S. 138).
[99] Obrecht (2002c) führt hier exemplarisch die Theorie menschlicher Bedürfnisse an.
[100] Vergleiche Mühlum (1994, S. 45 f.); Obrecht (2003, S. 125).
[101] Vergleiche Mühlum (1994, S. 46).

führt zur Überforderung der Studierenden, auch zu ihrer Theoriemüdigkeit. Sie greifen dann – das zeigt sich in Fallseminaren, beim Examen und später in der Praxis vielfach wieder auf Alltagstheorien zurück."[102]

Im Bereich der *Praxis* taucht Transdisziplinarität implizit in den Diskussionen um Kernwissen, Kernkompetenzen und professionelle Identität auf.[103] So betont Staub-Bernasconi[104] die Bedeutung von Transformationskompetenz, die sich darin zeige, dass Professionelle selbstständig aus wissenschaftlichen Theorien Handlungsregeln zu generieren vermögen. Diese Transformationskompetenz helfe, einer Entfremdung gegenüber der eigenen Profession vorzubeugen, da eigenständig gewonnenes statt fremdbestimmtes ausgewähltes Wissen zur Handlungsorientierung genutzt werden kann.

Transdisziplinarität kann jenseits der drei institutionalisierten Bereiche Sozialer Arbeit auch im Zusammenhang mit dem prominenten *Theorie-Praxis-Problem* thematisiert werden. Ob Transdisziplinarität bei dessen Lösung auftaucht, hängt zuerst einmal von der Vorentscheidung ab, ob Praxis als ein Feld begriffen wird, in dem Situationen wesentlich durch Bezugnahme auf wissenschaftliche Theorien analysiert und erklärt werden können und sich die Bearbeitung dieser Situationen wissenschaftlich überprüfter bzw. überprüfbarer Methoden bedient.[105] Auf der Basis dieser Prämisse macht es Sinn, davon auszugehen, dass transdisziplinäre Beschreibungs- und Erklärungstheorien dazu beitragen können, der Praxis problemspezifisches Wissen zur Verfügung zu stellen[106] so-

---

[102] Ebd.
[103] Vergleiche dazu auch Obrecht (2001a, S. 13 f).
[104] Vergleiche. Staub-Bernasconi (2002, S. 11).
[105] Winkler (1995) beispielsweise verneint polemisch die Chance einer qualitativen Verbesserung von Praxis durch die Hinzuziehung von Theorien. Zur Annahme struktureller Geschlossenheit beider Systeme, jedoch mit der Möglichkeit zur Nutzung von Theorien zu Reflexionszwecken in der Praxis siehe Kleve (2006). Sommerfeld (2006, S. 293 f.) behält die Prämisse struktureller Gegensätze bei, jedoch mit dem Ziel ihrer Integration durch „Austauschbeziehungen höherer Ordnung". Staub-Bernasconi (1996, S. 87 ff; 2007, S. 253 ff.) konzipiert in Anlehnung an Bunge (1967) Schnittstellen zwischen Theorie und Praxis. Diese eröffneten sich durch die Möglichkeit der Transformation von nomologischem Wissen in Handlungsregeln (den sogenannten transformativen Dreischritt). Vergleiche Staub-Bernasconi (2007, S. 252 ff.).
[106] Exemplarisch für die Arbeit mit rechten Jugendcliquen siehe Borrmann (2005).

wie verschiedene Wissensarten im Handlungsprozess reflektiert in ihrer je eigenen Leistungsfähigkeit zu berücksichtigen.

Transdisziplinarität tritt im Rahmen des Theorie-Praxis-Problems also insoweit auf, als sie die Merkmale konkreter tradierter Theorien beeinflusst. Nur wenn die Art der Konstitution dieser Theorien (zum Beispiel in Form schwerer Zugänglichkeit oder fehlender Anschlussmöglichkeit etc.) als Einflussfaktor zur Verschärfung der Sprachlosigkeit zwischen Theorie und Praxis angenommen wird, wird Transdisziplinarität im Diskurs um das Theorie-Praxis-Problem Sozialer Arbeit als konkreter Lösungsweg relevant.

3 Transdisziplinarität zwischen Heteronomie und Autonomie – sozialarbeitswissenschaftliche Programmatiken von Transdisziplinarität

Fünf exemplarisch ausgewählte Konzepte werden uns nun vertraut machen mit dem Begriffsverständnis und den Implikationen von Transdisziplinarität, die sich im sozialarbeitswissenschaftlichen Diskurs finden. Ihre exemplarische Funktion erhalten diese Konzepte durch die je unterschiedliche Verhältnisbestimmung von Fach- und Bezugswissenschaften. Im Anschluss an Mühlum lassen sich zwei Pole aufspannen, wie solch eine Verhältnisbestimmung generell beschaffen sein kann. Unterscheiden lässt sich zum einen die Vorstellung Sozialer Arbeit als „Bindeglied oder Transmissionsriemen zum Wissenstransfer zwischen den beteiligten Nachbarwissenschaften" und zum anderen die Möglichkeit, Soziale Arbeit zu begreifen als „transdisziplinäre Leitwissenschaft, die den ‚Hilfs-'Wissenschaften in der Ausbildung sinnvolle Aufgaben und Untersuchungsvorschläge zu unterbreiten und Anfragen in sozialarbeiterischer Absicht zu stellen hätte".[107]

Diese Unterscheidung spannt unterschiedliche Grade an disziplinärer Heteronomie und Autonomie auf. Die ausgewählten Vorschläge zu einer transdisziplinären Verfassung Sozialer Arbeit reihen sich entlang dieses Spannungsfeldes. Disziplinäre Autonomie meint in diesem Sinne eine weitgehende Selbstbestimmung der Disziplin über ihr Interesse, ihren Gegenstand und über die Theorien und Methoden, die sie zu dessen Beschreibung, Erklärung und Veränderung hin-

---

[107] Mühlum (1994, S. 67 f.).

zuzieht. Der Fachwissenschaft kommt dabei eine herausgehobene Bedeutung zu. Disziplinäre Heteronomie betont dagegen die Gleichwertigkeit von Bezugs- und Fachwissenschaft bzw. verzichtet auf die Nutzung dieser Unterscheidung. Die Differenzierung zwischen *disziplinärer Autonomie und Heteronomie* liefert somit die *Grobstruktur* der Vorstellung der Konzepte.

Im Folgenden werden fünf Transdisziplinaritätsmodelle vorgestellt. Die Auswahl der Konzepte liegt darin begründet, dass sie Transdisziplinarität einen bedeutenden Stellenwert einräumen und sich ihr explizit widmen. Dabei bildet die Konzeption Engelkes eine Ausnahme. Auch wenn darin nicht explizit für eine transdisziplinär orientierte Sozialarbeitswissenschaft plädiert wird, so weist Engelke ihr doch eine Position neben anderen Wissenschaftsprinzipien zu und tritt für eine gewissermaßen gemäßigte Form von Transdisziplinarität ein, die stellvertretend für andere, ähnlich gelagerte Konzepte stehen kann.[108] Zwei Konzepte besetzen die beiden äußeren Punkte des Spannungsfeldes zwischen disziplinärer Heteronomie und Autonomie, drei weitere reihen sich dazwischen ein. Dabei handelt es sich auf Seiten der relativen Heteronomie um das Konzept einer postmodernen Koordinationswissenschaft von Kleve und darauf Bezug nehmend um das Modell von Wendt. Dem autonomen Pol dagegen stehen die Arbeiten von Göppner und Hämäläinen mit dem Konzept einer transdisziplinären Praxiswissenschaft nahe. Dem Pol der disziplinären Autonomie am nächsten steht das Modell einer transdisziplinären Integrationswissenschaft von Obrecht.

---

[108] Vergleiche Engelke (2003).

3.1 Rekonstruktion

Wie erwähnt betritt diese Arbeit insoweit Neuland, als dass sie die genannten Konzepte zunächst rekonstruiert, um sie sodann zu vergleichen. An dieser Stelle wird erneut deutlich, warum der Begriff des Konzeptes Sinn macht: Die genannten Autoren entwickeln unterschiedliche und unterschiedlich stark ausgearbeitete Vorschläge, was unter einer transdisziplinären Sozialen Arbeit zu verstehen ist. Der Begriff des „Konzepts" vermag diese Unterschiede in sich aufzunehmen. Die *Feingliederung* der Rekonstruktion sichert dabei, dass die jeweiligen Konzepte nicht überstrapaziert werden, sondern in ihrer Rückbindung an bestimmte Wissenschaftsauffassungen und Problemdiagnosen verstehbar bleiben. Dieses Vorgehen wird uns der Frage näher bringen, was sich hinter dem schillernden Begriff der Transdisziplinarität im sozialarbeitswissenschaftlichen Diskurs verbirgt.

Folgende Fragen leiten dabei die Rekonstruktion der Transdisziplinaritätsmodelle als Feingliederung an:

1. Welchen Wissenschaftstyp favorisiert der Autor?
2. Wie ist Transdisziplinarität definiert?
3. Welche Rolle hat Transdisziplinarität in der Wissenschaftskonzeption inne?
4. Wie wird die gegenwärtige Situation Sozialer Arbeit eingeschätzt? Auf welche Probleme formuliert sich Transdisziplinarität als Antwort? Warum ist sie notwendig?
5. Wie soll sie umgesetzt werden?
6. Welches Wissenschaftsverständnis wird proklamiert?
7. Von welchen Wissenschaftsmodellen Sozialer Arbeit findet eine explizite Abgrenzung statt?

3.1.1 Transdisziplinarität als Merkmal einer postmodernen Koordinationswissenschaft und Handlungswissenschaft
– die Konzepte von Heiko Kleve und Wolf Rainer Wendt

Kleve bestimmt Sozialarbeitswissenschaft als „transdisziplinäre Disziplin"[109] und *postmoderne „Koordinationswissenschaft"*.[110] Postmodernes Denken charakterisiert Kleve dabei wie folgt:

> „Ein solches Denken kommt nicht umhin, seine Kontingenz anzunehmen, angesichts einer Welt auch anderer Denk- und Kommunikationsweisen, mit denen es potentiell permanent konfrontiert werden kann. Postmodernes Denken stößt, anders gesagt, im sozialen Kontext ständig auf seine eigene Selbstreferenz, es muß, um etwa in Di[s]kurskonflikten moderat bleiben zu können, mitbedenken, daß es das, was es denkt, aufgrund seiner eigenen höchstpersönlichen Erfahrungen, Assoziationen etc. denkt, und nicht aufgrund einer, für es objektiv erkennbaren, wahren Realität. Angesichts dieser Situation ist es sinnlos, objektiv erkennen und seiner Selbstreferenz entfliehen zu wollen."[111]

In Kleves Arbeiten zur Wissenschaftskonzeption finden sich *zwei koexistierende Gegenstandsbestimmungen* Sozialer Arbeit: Die erste bestimmt als Gegenstand soziale Probleme im Sinne konkreter „individueller, familiärer, ökonomischer, politischer, pädagogischer, juristischer, spirituell-religiöser oder gesundheitlicher Notlagen".[112] Die zweite fasst soziale Probleme als durch Kommunikation hervorgebrachte Entitäten.[113]

Wie sich bereits durch den favorisierten Wissenschaftstypus andeutet, wird dem Konzept der Transdisziplinarität eine *zentrale Position* zugestanden.[114] Sozialarbeitswissenschaft fungiert als „transdisziplinäre Moderatorin, Supervisorin

---

[109] Kleve (2006, S. 20).
[110] Kleve (2003a, S. 338; Herv. S.B.).
[111] Ebd.
[112] A.a.O., S. 57.
[113] Danach sei der Gegenstand Sozialer Arbeit „das durch menschliches Ordnen zugleich hervorgebrachte Unordentliche, das Defizitäre, jedes kommunikativ konstatierte soziale Problem" (A.a.O., S. 28 ff.).
[114] „Es dürfte evident sein, dass besonders die Sozialarbeitswissenschaft mit ihren vielfältigen Bezügen zu anderen Human-, Geistes- und Sozialwissenschaften kaum invisibilisieren kann, dass man sie ´veritabel nicht anders als transdisziplinär betreiben` kann" (a.a.O., S. 76).

und Mediatorin innerhalb der unterschiedlichsten Theorielandschaften".[115] Diese Konzeption von Transdisziplinarität nimmt Bezug auf die Arbeiten des Philosophen Wolfgang Welsch zur Postmoderne. Daraus übernimmt Kleve den Begriff der Transversalität bzw. der transversalen Vernunft und verwendet ihn synonym mit Transdisziplinarität.[116] Transversalität bezeichnet demnach „die explizierbaren Übergänge, Zusammenhänge bzw. gegenseitigen Abhängigkeiten und Verbindungen von unterschiedlichen Rationalitäts- aber auch Theorie- und Methodenkonzepte[n]".[117] Die Metapher des Netzes illustriert hierbei den transdisziplinären Charakter Sozialer Arbeit:

„Denn aus der postmodernen Perspektive [...] wird erkennbar, dass ‚Disziplinen' [...] nicht durch einen ‚Kern' konstituiert [sind], sondern um netzartige Knoten [...]'. Besonders die Aufgabe einer Sozialarbeitswissenschaft läge nun darin, die ‚Stränge' und die ‚Verbindungslinien' der relevanten Disziplinen auszuarbeiten und zu verfolgen. Wenn dies gelänge[,] dann wird man Sozialarbeitswissenschaft selbst nicht anders als transdisziplinär beschreiben können."[118]

Transdisziplinarität als Transversalität wird dabei *von Interdisziplinarität unterschieden*. Im Gegensatz zu Interdisziplinarität erlaubt demnach Transdisziplinarität die Verknüpfung von interdisziplinärem Wissen.[119] Transdisziplinäres Wissen ist somit „Verbindungswissen".[120] Kleves Interdisziplinaritätsverständnis entspricht eher der verbreiteten Auffassung von Multidisziplinarität, im Sinne eines Nebeneinanders disziplinärer Bemühungen um denselben Gegenstand:

„Sozialarbeitswissenschaft läßt sich als die postmoderne Wissenschaft schlechthin bezeichnen. Denn sie scheint sich aus der konturlosen, nicht selten *beliebig wirkenden Zusammenwürfelung sozial-, geistes- und humanwissenschaftlicher Wissenschaftsorientierungen, positiv konnotiert: der interdisziplinären Situation* der Fachhochschulstudiengänge für Sozialarbeit/ Sozialpädagogik

---

[115] Kleve (2006, S. 21).
[116] Vergleiche etwa ders. 1999, S. 85.
[117] A.a.O., S. 55.
[118] Kleve (2003b, S. 115).
[119] „Die Koordination dieser interdisziplinären Forschung und Lehre [...] hätte im Fall der Sozialarbeit die Sozialarbeitswissenschaft zu leisten, die dafür sorgt, dass das interdisziplinär erarbeitete sozialarbeiterische Wissen transdisziplinär reflektiert, verbunden und systematisiert wird." (ebd.).
[120] Ebd.

bzw. Sozialwesen herauszuschälen und folgt daher bereits implizit einem pluralen Focus auf die hyperkomplexe, polykontexturale und heterarchische Form sozialer Realität."[121]

Kleve entwirft Transdisziplinarität im Gegensatz zu den Konzepten des autonomen Pols nicht als eine Antwort auf ein bestehendes *Problem*, etwa das der Fragmentierung sozialarbeiterisch relevanten Wissens. Zwar wird das Prinzip der Transdisziplinarität funktionalisiert zur Herstellung von Verbindungswissen, jedoch geht dem keine Diagnose des Mangels desselben voraus. Die Pluralität von Theorien und Perspektiven wird vielmehr explizit bejaht, auch ihre Widersprüchlichkeit stellt keine Schwierigkeit dar, denn Realität selbst sei ambivalenzbehaftet.[122] Soziale Realität, so Kleve, zeige sich als „hyperkomplexe, polykontexturale und heterarchische Form".[123] Problematisiert wird stattdessen der Umstand der Ambivalenzfeindlichkeit wissenschaftlicher Theorien sowie der Anspruch, Ambivalenzen aufzulösen und eindeutige theoretische Bestimmungen vorzunehmen.[124] Transdisziplinarität im Sinne von Transversalität erscheint vor diesem Hintergrund als einzig mögliches Mittel, mit der Vielfalt unterschiedlichster, sich teilweise widersprechender disziplinärer Orientierungen und Wissenschaftsverständnisse umzugehen.[125] Konkretisiert auf die Situation Sozialer Arbeit hebt Kleve Transdisziplinarität jedoch auch als Mittel hervor, um Komplexität im Sinne einer Mehrdimensionalität realer Probleme gerecht zu werden:

„Die Transdisziplinarität der Sozialen Arbeit kommt vor allem darin zum Tragen, dass Soziale Arbeit ausgehend vom Sozialen, vom Zwischenmenschlichen, vom Kommunikativen neben der sozi-

---

[121] Kleve (1999, S. 73; Herv. S.B.).
[122] Der Begriff der Ambivalenz bezeichnet nach Kleve Polyvalenz im Sinne von „strukturellen Vieldeutigkeiten der Sozialarbeit" (a.a.O., S. 22).
[123] A.a.O., S. 73.
[124] „Die Frage ist allerdings, ob ihr eine ‚Fundierung ihrer Methoden' [deren der Sozialen Arbeit; S.B.] durch die Rezeption von wissenschaftlichen Konzepten gelingen kann, die angetreten sind, das Fremde, das Ambivalente zu besiegen, das jedoch in der Sozialarbeit immer wieder unbesiegt zum Vorschein kommt. [...] Ohne in der Lage zu sein, auf diese Fragen eindeutige Antworten zu geben, vermute ich, dass sich Sozialarbeit angesichts ihrer komplexen Heterogenität generell Fundamentierungen entzieht, die nicht auf sumpfigem Grund gebaut sind." (A.a.O., S. 28).
[125] Siehe a.a.O., S. 85.

alen Dimension auch die psychischen und die biologischen Dimensionen des Lebens im Blick hat. Die Probleme, mit denen Sozialarbeiter konfrontiert sind, generieren sich oft in der Folge wechselseitiger Kopplungen von biologischen, psychischen und sozialen Problemen."[126]

Dieses Transdisziplinaritätsverständnis[127] kontrastiert mit dem Konzept von Transdisziplinarität als Transversalität nach Welsch: Statt um verschiedenartige Rationalitäts- sowie Theorie- und Methodenmodelle geht es in dieser Definition um eine Konfrontation mit konkreten multidimensionalen Problemlagen.

Zur *Umsetzung* von Transdisziplinarität macht Kleve explizit Vorschläge. Den ersten Schritt bildet die Methode der Theorienanalyse,[128] in der drei Systematisierungsebenen erfasst werden: Auf der ersten Ebene soll die Theorie nach ihren phänomenalen, kausalen und aktionalen Aussagen befragt werden. Diese Unterscheidungen nimmt Kleve im Anschluss an den Wissenschaftstheoretiker Kurt Eberhard vor.[129] Auf einer zweiten Ebene soll festgestellt werden, zu welchen Systemebenen die Theorie Aussagen macht. Kleve übernimmt die populäre Unterscheidung biologischer, psychischer und sozialer Systeme. Auf welchen Systembegriff er sich mit dieser populären Unterteilung bezieht, bleibt offen.[130] In der dritten Systematisierungsebene übernimmt Kleve die Unterscheidung sozialer Systeme nach Interaktion, Organisation und Gesellschaft von Luhmann.

Kleve vertritt den Anspruch, dass die Grundhaltung der Theorienanalyse gleichzeitig kritisch-rational und konstruktivistisch sein soll.[131] Wie die transdisziplinäre Verknüpfung im Anschluss an die Theorienanalyse stattfinden soll, wird nicht ausgeführt. Ihr Ziel sei es jedoch, multidimensionale Beschreibungen und Erklärungen für soziale Probleme zu finden sowie Handlungsideen zu gene-

---

[126] Kleve (2006, S. 20).
[127] Eine Abgrenzung dieser zweiten nicht-postmodernen Bestimmung von Transdisziplinarität, von Inter- und Multidisziplinarität findet sich bei Kleve nicht.
[128] Vergleiche Kleve (2006).
[129] Vergleiche Eberhard (1999).
[130] Möglich wäre, dass es sich um ein systemtheoretisches Verständnis nach Luhmann oder um eine analytische Unterscheidung handelt.
[131] Darunter versteht Kleve (2006, S. 20), „dass die Theorien nichts offerieren, was ihre Erkenntnisgegenstände so widerspiegelt, wie sie wirklich sind; vielmehr stellen Theorien Konstruktionen dar. Daher generiert die Theorienanalyse nichts anderes als die phänomenale, kausale und aktionale Struktur der jeweiligen Theorie. Wir beobachten hier also, wie Theorien beobachten."

rieren.[132] Als einheitliche begriffliche Hintergrundfolie für die Verknüpfungen wird die Luhmannsche Systemtheorie favorisiert.[133]

Kleve unterscheidet zwei fundamental *verschiedene Wissenschaften*: die *postmoderne* Wissenschaft, zu der Soziale Arbeit zähle[134] und die *moderne* Wissenschaft. Postmoderne Wissenschaft zeichne sich dadurch aus, dass sie sich eindeutigen Differenzierungen, zum Beispiel denen von Theorie und Praxis sowie einzelwissenschaftlichen Differenzierungen, entziehe,[135] Ambivalenzen akzeptiere und reflektiere[136] sowie Eklektizismus zum kreativen Grundsatz umwerte. Bezogen auf moderne Wissenschaft gilt entsprechend Gegenteiliges: Sie sei durch klare disziplinäre Grenzen, Eindeutigkeit und das Ausblenden von Ambivalenzen gekennzeichnet.[137] Herausgestellt werden muss hierbei jedoch, dass in den systemtheoretisch begründeten Arbeiten Kleves zur Sozialarbeitswissenschaft *zwei sich ausschließende Wissenschaftsverständnisse* mit je unterschiedlichen erkenntnistheoretischen und ontologischen Grundannahmen koexistieren, an die der Autor zugleich positiv anschließt. Auf der einen Seite wird ein Wissenschaftsverständnis proklamiert, das Wissenschaft systemtheoretisch als Beobachtung zweiter Ordnung definiert.[138] Dabei wird von der prinzipiellen Unmöglichkeit objektiver Erkenntnis im Sinne eines direkten Zugangs zur Welt[139] bzw. einer „Offenbarung" der Welt ausgegangen.[140] Selbst wenn Theorien scheitern, sei es nicht möglich, Rückschlüsse auf die Beschaffenheit der Wirklichkeit

---

[132] Siehe ebd.
[133] Vergleiche Kleve (1996, S. 245; 1999, S. 76) sowie (2003b, S. 116 f.).
[134] „In diesem Sinne passt Soziale Arbeit nicht hinein in die klassischen, *modernen* Schemata, vielmehr könnte man davon sprechen, dass Soziale Arbeit eine *postmoderne* Disziplin und Profession ist." (Kleve 2003b, S. 112).
[135] Vergleiche ebd.
[136] Vergleiche a.a.O., S. 126.
[137] Vergleiche Kleve (2003b, S. 107 ff.).
[138] Vergleiche Kleve (2006, S. 15).
[139] Vergleiche a.a.O., S. 18 ff.
[140] „Angesichts dieser Situation ist es sinnlos, objektiv erkennen und seiner Selbstreferenz entfliehen zu wollen; vielmehr generiert das Denken innerhalb seiner selbstreferenziellen Erkenntnisse nicht anderes als unendliche Regresse, in denen über den Umweg auf (scheinbar) anderes immer wieder nur auf das eine verwiesen wird: auf selbst, auf sein eigenes Denken eigener Gedanken." (Kleve 1999, S. 33).

zu ziehen,[141] lediglich das Funktionieren bzw. Versagen von Theorien ließe sich konstatieren. Das einzige Mittel der Überprüfung von Theorien seien Brauchbarkeitstests. Aus diesem Verständnis wird gefolgert, dass „Wissenschaft [...] nicht die Begründungsinstanz der Profession"[142] sein kann.

Der zweite Wissenschaftsbegriff lehnt sich wie erwähnt an eine Definition Kurt Eberhards an, nach der „Wissenschaft als ein Prozess verstanden werden kann, in dem es darum geht, Beschreibungen (phänomenale Ebene) und Erklärungen (kausale Ebene) zu generieren, die sich der empirischen, beziehungsweise praktischen Prüfung unterziehen".[143] In diesem Verständnis existieren die Möglichkeiten näherungsweiser Erkenntnis der Welt,[144] der Geltungsvorsprung wissenschaftlicher Theorien vor Alltagstheorien[145] sowie die Möglichkeit der empirischen Überprüfung von Theorien.

Kleve bedient sich parallel beider Wissenschaftsauffassungen, kombiniert Elemente aus beiden[146] und vertritt deren prinzipielle Vereinbarkeit.[147] In seiner Konzeption einer postmodernen transdisziplinären Sozialen Arbeit *distanziert* er

---

[141] „Aber weder das Scheitern noch die Brauchbarkeit offenbaren uns eine objektive Welt, Praxis oder Wirklichkeit" (Kleve 2006, S. 18).
[142] Kleve 1999, S. 89.
[143] Kleve 2006, S. 19.
[144] „Die Theorie stößt sich an den Barrieren der Wirklichkeit. Mit dem Ansatz von Popper, der als kritischer Rationalismus bezeichnet wird, aber auch mit dem Radikalen Konstruktivismus, der in diesem Punkt eine ähnliche Auffassung vertritt [...], können wir davon sprechen, dass ‚die wirkliche Welt sich ausschließlich dort offenbart, wo unsere Konstruktionen scheitern'." (A.a.O., S. 18)
[145] Kleve (2006, S. 17) konstatiert, dass „Alltagstheorien mit wissenschaftlichen Theorien konfrontiert, erweitert, ergänzt oder korrigiert werden können". Dies legt erstens einen kontinuierlichen Übergang von Alltagstheorien zu wissenschaftlichen Theorien nahe und impliziert zweitens, dass wissenschaftliche Theorien vor Alltagstheorien Geltung haben, da letztere sich im Verhältnis zu ersten ändern (z.B. korrigiert werden) und nicht umgekehrt.
[146] Deutlich wird dies an Begriffspaaren wie „kritisch-rationale und zugleich konstruktivistische Grundhaltung" (a.a.O., S. 20) sowie den Formulierungen, Theorien würden hinsichtlich „ihrer empirischen *beziehungsweise* praktischen Brauchbarkeit getestet" (Kleve 2006, S. 21) oder: „Der praktische *oder auch* empirische Test besteht darin zu untersuchen, ob es mit den Theorien möglich ist, die Probleme zu lösen" (Kleve 2006, S. 19).
[147] Vergleiche Kleve (2006, S. 18 ff.).

sich zugleich von jeglicher facheinheitlichen Zentraltheorie[148] sowie vom Konzept der Integrationswissenschaft:

„Dies soll nicht heißen, daß die soziale Konstruktion und Etablierung einer Sozialarbeitswissenschaft unmöglich ist; unmöglich allerdings eine Wissenschaft, die eine Integration des gesamten bezugswissenschaftlichen ‚Fächersalats' erlaubt." [149]

Zur Rekonstruktion des *Transdisziplinaritätskonzepts von Wendt* beziehe ich mich auf zwei Arbeiten der Jahre 1994[150] und 2005.[151] Ein Grund für die Bezugnahme auf die frühe Arbeit Wendts liegt darin, dass dort zentrale Gedanken zur Verfassung einer Wissenschaft Sozialer Arbeit entwickelt werden.[152] Außerdem kann dieser frühe Aufsatz, der zu Beginn der Wissenschaftsdebatte Sozialer Arbeit erschien, fruchtbar zu Wendts späterer Konzeption in Beziehung gesetzt werden, die zu einem Zeitpunkt konkurrierender Wissenschaftsmodelle und weitestgehend befürworteter Verwissenschaftlichung Sozialer Arbeit publiziert wurde.

In seiner Konzeption stützt sich Wendt zugleich auf die Arbeiten von Kleve, Gibbons und Nowotny sowie Mittelstraß. Wendt übernimmt in wesentlichen Teilen die Definition von *Transdisziplinarität* durch Mittelstraß. Dabei werden drei zentrale Aspekte des Mittelstraßschen Transdisziplinaritätsverständnisses herausgestellt: Erstens ihr Verständnis als ein Forschungsprinzip disziplinär verfasster Wissenschaft, welches zweitens disziplinäre Grenzen transzendiert und drit-

---

[148] Der Begriff der Zentraltheorie bleibt im Kontext der Abgrenzung nicht nur im Modell Kleves unbestimmt. Es ist jedoch wahrscheinlich, dass die Autoren ihn als Zuspitzung der Begriffsverwendung bei Lukas verwenden. Lukas führt den Begriff als Zitat von Norbert Elias ein. Danach meint „Zentraltheorie" die Entwicklung „eigene[r] Begriffe, Denkmodelle und Erklärungen" Lukas (1977, S. 22). In der Verwendung bei Kleve, Engelke und Göppner ist die Bedeutung von „zentral" hin zu „andere Theorien dominierend" verschoben.
[149] Kleve (1999, S. 58, siehe auch S. 85).
[150] Vergleiche Wendt (1994).
[151] Der entsprechende Artikel war seit November 2006 mehrere Monate auf der Startseite der Deutschen Gesellschaft für Soziale Arbeit (DGSA) platziert.
[152] Dazu zählen etwa die Konzeption von Sozialarbeitswissenschaft als „Plattform", Alltag als Ausgangspunkt Sozialer Arbeit sowie die Eingebundenheit und Bedingtheit Sozialer Arbeit in und durch Gesellschaft. Siehe hierzu Wendt (1994, S. 28 ff.).

tens Ganzheitlichkeit in der Interpretation und Erklärung des Forschungsgegenstandes als Anspruch ablehnt.[153] Neben der Definition Mittelstraß' übernimmt Wendt das Konzept der transdisziplinären Wissenserzeugung im Modus zwei von Gibbons und Nowotny als zutreffende Beschreibung der Eingebundenheit Sozialer Arbeit in gesellschaftliche Zusammenhänge.[154] Zusätzlich adaptiert Wendt das Verständnis von Transdisziplinarität als Transversalität, wie es Kleve unter Bezugnahme auf Welsch entwickelt.[155]

Optiert wird für eine *multi-, inter- und transdisziplinäre Sozialarbeitswissenschaft,*[156] deren *Gegenstand* der Alltag von Kindern und Jugendlichen sei.[157] *Interdisziplinarität* fasst Wendt als „einen Austausch von Konzepten und Vorgehensweisen, so dass diese mit in das Verständnis der kooperierenden Fachvertreter aus verschiedenen Disziplinen aufgenommen werden".[158] In Abgrenzung sei *multidisziplinäres Arbeiten* charakterisiert als eine Kooperation unterschiedlicher Disziplinen, die „in der Erwartung [erfolgt], dass man sich ergänzt, gegenseitig anregt und korrigiert".[159]

Wendt definiert nicht explizit, welche *Rolle* Transdisziplinarität in seinem Wissenschaftsentwurf spielt. Der Titel des Aufsatzes legt eine im Vergleich zu Multi- und Interdisziplinarität herausgehobene Bedeutung nahe. Transdisziplinarität sei jedoch insoweit für die *Situation* Sozialer Arbeit sinnvoll, als erstens die Disziplin in der Bearbeitung ihres Gegenstandes, des gelingenden oder scheiternden Alltags,[160] weit über einzeldisziplinäre Fragen hinausgehe.[161] Damit entstehe die Notwendigkeit, ihn multidimensional bzw. in seiner „Mehrfältigkeit"[162]

---

[153] Vergleiche a.a.O., S. 1 ff.
[154] Vergleiche a.a.O., S. 2 ff.
[155] Vergleiche a.a.O., S. 6 ff.
[156] Vergleiche Wendt (2006).
[157] Vergleiche a.a.O., S. 6.
[158] A.a.O., S. 2.
[159] Ebd.
[160] Vergleiche Wendt (1994, S. 14 f.) sowie (2006, S. 6).
[161] Vergleiche Wendt (2006, S. 3).
[162] A.a.O., S. 10. Hier sei auf die Probleme der Fruchtbarmachung beider Konzepte hingewiesen, die in Kapitel 2.2 diskutiert wurden.

zu erfassen.[163] Zweitens ermögliche sie, das Verhältnis von Fach- und Bezugswissenschaften zu spezifizieren.[164] Explizite *Probleme* oder Defizite in der momentanen Gegenstandsbearbeitung werden nicht zur Begründung von Transdisziplinarität angeführt. Diese Beschränkung der Problemsicht überrascht. Noch 1994 konstatierte Wendt eine mangelnde disziplinäre und professionelle Systematik des Wissens, ein Fehlen eigener Theoriebildung[165] und den unbefriedigenden Zustand des Additivismus der Theorien:

„Nach einer Sozialarbeitswissenschaft wird heute entschiedener als zuvor verlangt, weil im Objektbereich von Sozialer Arbeit, in ihrem Handlungsfeld mit dem bisherigen Instrumentarium, dem Sammelsurium aus der Psychologie, der Soziologie, der Pädagogik nicht mehr gut auszukommen ist."[166]

Wendt theoretisiert die *Umsetzung* von Transdisziplinarität kaum. Zwar führt er in Anlehnung an Kleve die Netzmetapher von Welsch ein, jedoch ohne zu bestimmen, was die Referenzen der „Knoten" und „Verflechtungen" sind. Vor diesem Hintergrund bleibt vor allem fraglich, was mit diesen Begriffen *nicht* bezeichnet wird.

Wendt übernimmt in seiner Konzeption das Modell eines Orientierungsrahmens, den die Disziplin Soziale Arbeit sowohl für die Einzeldisziplinen, als auch für Praxis und Theorie darstelle, von Kleve. Dieser Rahmen wird metaphorisch als „Plattform"[167] charakterisiert, auf der ein „offene[r] Austausch"[168] über alle Phänomene, stattfindet, die den Gegenstand Sozialer Arbeit betreffen. Die für diesen Austausch notwendige Koordination oder Vermittlung wird nicht nä-

---

[163] Hier sei darauf hingewiesen, dass eben jene Mehrdimensionalität mit Kleve (1999, S. 56 f.) als ein Aspekt von Ganzheitlichkeit verstanden werden kann. Eben jene Ganzheitlichkeit als Anspruch wird jedoch in demselben Text mit dem Anschluss an das Konzept von Mittelstraß explizit abgelehnt.
[164] Vergleiche a.a.O., S. 5 f.
[165] Siehe Wendt (1994, S. 16 ff.).
[166] A.aO., S. 19.
[167] Wendt (2006, S. 6).
[168] Ebd.

her bestimmt. Das Bild der Plattform legt ein gleichrangiges Verständnis von Fach- und Bezugswissenschaften in diesem Austauschprozess nahe, mehr noch, Sozialarbeitswissenschaft entsteht gleichsam als Produkt dieser Vermittlung, bei der die „unterschiedlichen Disziplinen [...] mit ihren Theoriesträngen auch das Netzwerk der Sozialarbeitswissenschaft selber knüpfen helfen".[169] Wendt prognostiziert:

> „In solcher Verstrickung kann die Sozialarbeitswissenschaft mit den Disziplinen, von denen sie durchdrungen wird und die sie durchdringt, gut auskommen."[170]

An dieser Stelle fällt auf, dass der fachwissenschaftlichen Selbstbestimmung, die sich etwa an der Bewertung von Theorien, eigener Theoriebildung und Systematisierung zeigen kann, im Vergleich zur Problemdiagnose von 1994 in der aktuellen Konzeption wenig Bedeutung zukommt.[171]

Das *Wissenschaftsverständnis*, das Wendts Konzept von Transdisziplinarität rahmt, ist nicht klar auszumachen. Grund dafür ist die Bezugnahme auch auf unterschiedlichste Transdisziplinaritätskonzepte, die sich weder entsprechen noch komplementär ergänzen, zum Teil sogar gegenläufige Aussagen treffen.[172] Übertragungsprobleme der philosophischen Theorien auf die Situation Sozialer Arbeit werden nicht diskutiert. In der aktuellen Darstellung dominiert das postmoderne Wissenschaftsverständnis Kleves. Dies zeigt sich unter anderem daran, dass Wendt konstatiert, die Stabilität eines „geknüpfte[n] Theoriennetz[es]"[173] erweise sich bei seinem Einsatz in der Praxis. Praxis ist sowohl bei Wendts als auch bei Kleves Konzeption der primäre Ort, an dem Theorien- und Theorieverbünde getestet werden und an dem die Verknüpfung von Theorien geschieht:

---

[169] Kleve in Wendt (2006, S. 7).
[170] Wendt (2006, S. 7).
[171] Eher beiläufig wird auf den Nutzen einer Integration von Theorien verwiesen. Siehe dazu a.a.O., S.9.
[172] Zum Beispiel hinsichtlich des Wissenschaftsbegriffes von Mittelstraß, der von einigenden Rationalitätskriterien ausgeht, und von Kleve, der gerade deren Existenz beziehungsweise Möglichkeit offen in Zweifel zieht. Zu Übertragungsproblemen der Konzeption von Mittelstraß siehe Kapitel 2.2.
[173] Wendt (2006, S. 7).

„Weniger im Hinterstübchen der Wissenschaftstheorie als vorne, an den Fronten sozialpraktischer, sozialpolitischer und sozialwirtschaftlicher Aufgabenstellungen scheint eine disziplinierte Integrationsleistung geboten."[174]

Die jeweilige theoretische Vereinbarkeit von Theorien bleibt nicht nur im Konzept von Wendt, sondern auch in dem Kleves unproblematisiert. In Kleves Konzeption werden auftretende Widersprüche als der ambivalenzbehafteten Realität angemessen begrüßt.[175]

Wendts Konzeption einer transdisziplinären Sozialen Arbeit grenzt sich, das verdeutlicht auch das obige Zitat, explizit gegenüber der metatheoretisch fundierten transdisziplinären Sozialarbeitswissenschaft, für das Konzept Obrechts eintritt, ab. Mit ihrem Vereinheitlichungsabspruch wohnten ihr nur geringe Realisierungschancen inne. Außerdem sei sie wenig praktikabel.[176]

3.1.2 Transdisziplinarität als Intradisziplinarität
– das Konzept von Ernst Engelke

Engelke begreift Sozialarbeitswissenschaft als handlungswissenschaftlichen *Wissenschaftstypus*. Dadurch zähle sie neben anderen Handlungswissenschaften zur Gruppe der Sozialwissenschaften bzw. im Anschluss an Elias zu den „Menschenwissenschaften".[177] Als *Gegenstand* Sozialer Arbeit bestimmt Engelke soziale Probleme, wobei der besondere Schwerpunkt auf deren Erkenntnis, Genese und Überwindung liege.[178]

---

[174] A.a.O., S. 9., siehe dazu auch Kleve (2003b, S. 19).
[175] Vergleiche Kleve (1999, S. 29).
[176] Vergleiche Wendt (2006, S. 9).
[177] Engelke (2003, S. 58 ff.).
[178] Vergleiche a.a.O., S. 55.

Drei Prinzipien konstituieren Soziale Arbeit als Integrationsdisziplin: Multi-, Inter- und Intradisziplinarität.[179] Um Multidisziplinarität handele es sich dann, wenn „VertreterInnen mehrerer Wissenschaftsdisziplinen unabhängig voneinander mit verschiedenen Fragestellungen den gleichen Gegenstandsbereich erforschen".[180] Interdisziplinarität zeichne sich demgegenüber durch die stärkere Bezugnahme der einzelnen Beiträge aufeinander und das gemeinsame Ziel der Synthesebildung aus.[181] Das *Transdisziplinaritätsverständnis* der spezifizierten Arbeitsdefinition findet sich in Engelkes Begriff der Intradisziplinarität wieder. Aus Gründen der Klarheit wird im Folgenden mit dem Transdisziplinaritätskonzept Engelkes dessen Verständnis von Intradisziplinarität bezeichnet:

„Intradisziplinarität bedeutet, dass innerhalb einer Wissenschaftsdisziplin die Fragestellungen, Methoden und Erkenntnisse der Bezugswissenschaften in die eigene Arbeit integriert werden und zum Tragen kommen. Insofern kann Soziale Arbeit auch als Integrationsdisziplin (Kenntnisse und Arbeitsweisen verschiedener Disziplinen werden in die Soziale Arbeit integriert, das heißt zusammengeführt) verstanden werden."[182]

Transdisziplinarität im Sinne von Intradisziplinarität kommt in diesem Konzept eine moderate *Bedeutung* zu, denn Soziale Arbeit sei in Wechselwirkung mit ihren Bezugswissenschaften gleichermaßen durch Multi-, Inter- und Intradisziplinarität gekennzeichnet.[183]

---

[179] Engelke verwendet nicht wörtlich den Begriff der Transdisziplinarität, jedoch weist sein Verständnis von Intradisziplinarität Ähnlichkeiten zur konkretisierten Arbeitsdefinition von Transdisziplinarität auf. Die Berücksichtigung dieses Konzepts erscheint auch deshalb geboten, weil sie exemplarisch für eine gemäßigte Position zwischen disziplinärer Heteronomie und Autonomie steht. Diese Mittlerposition entsteht vor dem Hintergrund der Betonung von Wechselwirkungen und Bedingtheiten zwischen Gesellschaft und Disziplinwerdung Sozialer Arbeit, mit einem Beharren auf der Bedeutung historischer, kultureller und sozialer „Werdegänge" (siehe den Titel des 2003 erschienenen Werkes) von professionellen Einstellungen, Theorien, Funktionsbestimmungen und Wissenschaftskonzeptionen.
[180] Engelke (2003, S. 62).
[181] Vergleiche ebd.
[182] Ebd.
[183] Vergleiche ebd.

Engelke macht im Hinblick auf die *Situation* Sozialer Arbeit vor allem Aussagen zu den Bereichen Disziplin und Lehre.[184] Im disziplinären Bereich bewertet Engelke wie auch Kleve den disziplininternen Theorienpluralismus als positiv, wenn auch, was noch zu zeigen sein wird, weniger rückhaltlos als dieser. Theorienpluralismus erwächst nach Engelke aus der Wissenschaftsvielfalt demokratischer Gesellschaften.[185] Verursacht sei diese Vielfalt systematisch sowohl durch unterschiedliche Forschungszugänge wie auch unterschiedliche Bearbeitungsformen sozialer Probleme. *Wissenschaft* wird in diesem Konzept nicht primär durch gemeinsame Rationalitätskriterien geeint, wie bei Mittelstraß. Vielmehr bildeten Vernunft und (subjektiv, kulturell, national unterschiedliche) Erfahrung die Grundlage sozialwissenschaftlichen Arbeitens.[186] Theorienpluralismus erscheint vor diesem Hintergrund als Ausweis einer pluralisierten Gesellschaft.[187] Schwierig erscheine es in der gegenwärtigen *Situation,* eine Zusammenführung multidisziplinärer Zugänge auf den Gegenstand und den Funktionszusammenhang Sozialer Arbeit zu erreichen, um das Ergebnis der Praxis zur Verfügung zu stellen.[188] Der erste Teil dieser Aufgabe, die Synthesebildung, bildet dabei die größte Herausforderung: Zur Pluralität der disziplinären Einflüsse komme die Vielfalt kultureller Beschreibungs-, Erklärungs- und Bewältigungsformen sozialer Probleme. Im Bereich der Lehre werden außerdem die Dominanz- und Leitwissenschaftsansprüche einzelner Bezugswissenschaften und der Sozialpädagogik problematisiert.[189]

Mit welchen *Mitteln* soll Pluralität in eine „tragfähige und verantwortbare Synthese verschiedener Methoden und Einzelerkenntnisse"[190] umgesetzt werden? Engelke wendet sich bewusst gegen additive Theoriekonzepte. Er favorisiert komplexe Modelle, die aus der Zusammenfassung einzelwissenschaftlicher Per-

---

[184] Vergleiche Engelke (1996a; 1996b).
[185] Vergleiche auch Engelke (2003, S. 190, 215 ff).
[186] Vergleiche a.a.O., S. 61.
[187] Im Umkehrschluss: „Einheitsgesellschaften produzieren Einheitswissenschaften" (a.a.O., S. 190).
[188] Vergleiche a.a.O., S. 62.
[189] Vergleiche Engelke (1996c).
[190] Engelke (2003, S. 62).

spektiven entwickelt und empirisch und theoretisch verifiziert oder falsifiziert werden:

„Synthesemodelle der Sozialen Arbeit erfordern ankopplungsfähige Theorieelemente und Teilmodellvorstellungen. Eine besondere Herausforderung besteht darin, dass diese Synthesemodelle sowohl erklärungs- als auch handlungsbezogen sein müssen, denn Soziale Arbeit ist eine Handlungswissenschaft."[191]

Rahmenbedingung dieser Synthesebildung sei die Sensitivität gegenüber sozialen Machtverhältnissen und ihren Folgen, gegenüber der Diversität der Menschen und gegenüber der Relevanz gemeinschaftlich geteilter Ressourcen.[192]

Engelke begreift *Wissenschaft* als einen sozialen, auf Erkenntnisgewinnung gerichteten Prozess. Als „wissenschaftlich" werden sowohl der Prozess als auch dessen Produkte, nämlich praxisrelevante Theorien und Modelle, bezeichnet.[193] Die Eigenheiten des Gegenstandes der Disziplin Sozialer Arbeit bestimmten ihre Wissenschafts- und Erkenntnistheorie, der Gegenstand sei ihnen vorgeordnet.[194] Ziel der Wissenschaft sei es, „Neugier zu befriedigen und Verbesserungen in der Welt vorzunehmen".[195] Konkretisiert für Sozialarbeitswissenschaft liegt ihr übergeordnetes Ziel in der „Verwirklichung der Menschen- und Sozialrechte".[196]

Engelke *distanziert* sich in seiner Konzeption der Sozialarbeitswissenschaft von dem Modell einer Integrationswissenschaft,[197] von jeglicher Form der Zent-

---

[191] A.a.O., S. 346.
[192] Siehe ebd.
[193] Vergleiche a.a.O., S. 54, 198 f. Zur Wissenschaft als sozialem Prozess innerhalb von Macht- und Interessensdimensionen vergleiche Engelke (2003, S. 219 ff).
[194] Vergleiche Engelke (2003, S. 54).
[195] A.a.O., S. 61.
[196] A.a.O., S. 481.
[197] „Wo soll sich Soziale Arbeit als Wissenschaft im System der Wissenschaften zuordnen? Soll sie sich als Subdisziplin der Pädagogik oder der Soziologie, *als Integrationsdisziplin über allem frei schwebend* oder als eigenständige Disziplin – also Soziale Arbeit als Wissenschaft – gleichrangig neben Pädagogik, Soziologie, Medizin, Psychologie usw. verstehen und ausgeben?" (Engelke 2004, S. 71 ff.; Herv. S.B.).

raltheorie[198] und von Theorien auf Grundlage postmoderner Professions- und Wissenschaftsauffassungen.[199]

3.1.3 Transdisziplinarität als Charakteristikum von Praxiswissenschaft und integrativer Handlungswissenschaft
   – die Konzepte von Hans-Jürgen Göppner, Juha Hämäläinen und Werner Obrecht

Die Transdisziplinaritätsmodelle von Göppner sowie von Obrecht lassen sich insofern dem disziplinär autonomen Pol zuordnen, als beide Autoren den Stellenwert einer disziplinären Definitionsmacht Sozialer Arbeit gleichermaßen nachdrücklich einfordern: Göppner und Hämäläinen treten vor diesem Hintergrund für den *Wissenschaftstypus* einer „transdisziplinäre[n] Praxiswissenschaft"[200] ein:

> „Transdisziplinarität der Sozialarbeitswissenschaft bedeutet nicht, dass Soziale Arbeit bzw. Sozialarbeitswissenschaft ihre Eigenständigkeit als Disziplin verliert. Sie hat ihre eigene Fragestellung, die nicht von außen, sondern von innen bestimmt wird. Sie ist eine autonome Wissenschaft, die transdisziplinär im Charakter ist."[201]

Mit einem ähnlichen Autonomieanspruch vertritt Obrecht sein Konzept Sozialer Arbeit als transdisziplinäre[202] und „integrative Handlungswissenschaft"[203]:

> „Disziplinäre Autonomie darf nicht, wie dies im Rahmen der Diskussion […] um eine Sozialarbeitswissenschaft vielfach geschieht, mit Autarkie verwechselt werden. […] Ebensowenig wie ein Ort ausschließlich hausgemachten Wissens sind Disziplinen […] Deponien heterodisziplinären Wissens: solches hat in einer Disziplin nur insoweit einen Platz, als es Ressource für ihr eigen-

---

[198] Diese würde sich gegen die demokratische Gesellschaftsstruktur richten sowie die verschiedenen Erfahrungen, vor deren Hintergrund Forschung betrieben wird, ausblenden. Siehe Engelke (2003, S. 61).
[199] Vergleiche hierzu a.a.O., S. 34 ff., 476 f.
[200] Göppner/Hämäläinen (2004, S. 69).
[201] A.a.O., S. 73 f.
[202] Vergleiche Obrecht (2001a, S. 10 ff).
[203] Obrecht (2003, S. 121).

ständiges Wissen oder Teil von diesem ist. Kennzeichen lebendiger Disziplinen ist mit anderen Worten ihre Fähigkeit, Wissen aus anderen Wissenschaften in ihr eigenes zu integrieren."[204]

Die Konzeption Obrechts *unterscheidet* sich dadurch von der Göppners, dass sie erstens Teil eines komplexen Theorienverbundes,[205] des Systemischen Paradigmas Sozialer Arbeit (SPSA),[206] ist. Das SPSA beinhaltet dabei mehrere, zum Teil transdisziplinäre Teiltheorien, etwa die Theorie menschlicher Bedürfnisse (TmB) sowie das Psychobiologische Erkenntnis- und Handlungsmodell (PsyBiEHM). Zum Zweiten ist sie durch die enge Bezugnahme auf die wissenschaftsphilosophischen Arbeiten Mario Bunges geprägt.[207] Drittens verfügt sie – als einziges der hier vorgestellten Konzepte – über explizite Anwendungsbeispiele ihrer Mittel zur Umsetzung von Transdisziplinarität.[208]

Die Transdisziplinaritätsmodelle Göppners und Obrechts weisen Parallelen in der Situationsbeschreibung Sozialer Arbeit, dem Wissenschaftsverständnis und der Rolle von Transdisziplinarität auf und betonen beide die Notwendigkeit eines umfassenden Bezugrahmens, in den Wissen integriert werden kann. Aus Gründen der besseren Verständlichkeit werde ich zuerst die Konzeption Göppners und im Anschluss die Obrechts vorstellen. Dabei werde ich jeweils auf Ähnlichkeiten der Modelle verweisen.

---

[204] A.a.O., S. 131.
[205] Vergleiche Sahle (2004, S. 299).
[206] Im Bereich Allgemeine Handlungstheorie (AHT) und Methoden sind besonders die Arbeiten von Staub-Bernasconi (1986; 1994; 1995b; 2000; 2004; 2007) und Kaspar Geisers (2004) Werk zur Problem- und Ressourcenanalyse zu nennen.
[207] Auf Bunges Werke wird in der Sozialarbeitswissenschaft zunehmend Bezug genommen. Vergleiche hierzu den Vergleich der Systemtheorien Luhmanns und Bunges, den Michael Klassens (2004) anstellt. In der Wissenschaftsphilosophie werden die Arbeiten Bunges breiter rezipiert. Siehe hierzu etwa das Themenheft der Zeitschrift Philosophy of the Social Sciences 34.
[208] Zur Methode der Methodenkodifikation siehe Obrecht und Gregusch (2003) sowie Staub-Bernasconi (2007); zur Generierung transdisziplinärer Theorien mit Hilfe des metatheoretischen Bezugsrahmens des SPSA siehe Borrmann (2005, S. 245-270); (2006); Staub-Bernasconi (2007, S. 252 ff.).

Transdisziplinarität als Programm[209] und Orientierung[210] fasst Göppner als einen *dritten Weg* zwischen Paradigmatismus[211] und Additivismus.[212] Transdisziplinarität garantiere die „antiparadigmatistische Offenheit bei der Suche nach analytischen und instrumentellen Orientierungen"[213] zugunsten der Entwicklung hilfreicher Handlungs- und Erklärungsmodelle für den Bereich der Praxis. Der Typus der transdisziplinären Praxiswissenschaft verbietet nach Göppner ein additives Wissenschaftsdesign.[214] Vielmehr impliziere der Zugriff auf Theorien multidisziplinärer Herkunft die Notwendigkeit, sie in die bestehende Wissensarchitektur Sozialer Arbeit auch begrifflich einzuordnen.[215] Sowohl die Systematik des Wissens als auch deren Quellen ergeben sich für eine Sozialarbeitswissenschaft aus der Praxis.[216] Eine nachhaltige Strukturierung und Systematisierung des Wissens sei nur mit Hilfe „forschungsfundierter Theoriebildung"[217] zu leisten. Trotz der Betonung disziplinärer Selbstbestimmung argumentiert Göppner für eine Sozialarbeitswissenschaft als „wirklich offenes System, [das] alle relevanten Ressourcen, von welchen Disziplinen sie auch stammen, einbeziehen kann".[218]

Göppner weist Transdisziplinarität eine zentrale *Rolle* in seinem Wissenschaftskonzept Sozialer Arbeit zu. Transdisziplinarität soll primär in der Disziplin Sozialer Arbeit zum Tragen kommen, da die situative transdisziplinäre Theorienintegration einen jeden Praktiker aller Wahrscheinlichkeit nach überforde-

---

[209] Vergleiche Göppner/ Hämäläinen (2003, S. 38).
[210] Vergleiche Göppner/ Hämäläinen (2004, S. 74).
[211] Mit dem Begriff des Paradigmatismus bezeichnet Göppner (2004, S. 5) die Überzeugung, dass die „Theorie, die wir verwenden[,] in der Lage ist, alle Komponenten des Problems, das wir zu lösen suchen, zu umgreifen".
[212] Vergleiche Göppner und Hämäläinen (2003, S. 39 f).
[213] Göppner und Hämäläinen (2004, S. 74).
[214] „Sozialarbeitswissenschaft als transdisziplinäre Handlungswissenschaft bezieht sich nicht auf einen Beruf, sondern auf einen Problemzusammenhang, den sie erfindet, auf Veränderungsprojekte, die sie mit der Entwicklung von Wirkungsmodellen unterstützt; und auf die Beschreibung der Handlungsprobleme der Akteure der Praxis sowie deren Assoziierung mit theoretischen Kontexten" (a.a.O., S. 77).
[215] Vergleiche a.a.O., S. 75 f.
[216] Vergleiche ebd.
[217] Göppner (2004, S. 10 ff).
[218] A.a.O., S. 10.

re.[219] Der Grund liege darin, dass nicht nur einzelne Theorienbestandteile integriert werden müssten, sondern zusätzlich Handlungsmodelle aus den Bezugswissenschaften zu bewerten und zu integrieren seien.[220]

Göppners Einschätzung der gegenwärtigen *Situation* Sozialer Arbeit stimmt in zahlreichen Aspekten mit der Einschätzung Obrechts überein. Innerhalb der Disziplin konstatieren beide eine überbordende Theorien- und Methodenvielfalt,[221] die fehlende Systematik des Wissens,[222] einen Partikularismus der Theorien und Paradigmatismus der Zugänge.[223] Im Bereich der Praxis kritisiert Göppner besonders die Anpassung der Probleme an die den Praktikern bekannten Methoden[224] sowie den zügellosen Methodenimport ohne Selektionskriterien bzw. Ausschlussgründe[225]. Im Bereich der Ausbildung werden curriculare Veränderungen als notwendige, wenn auch nicht hinreichende Maßnahmen begriffen, um eine offene transdisziplinäre Praxiswissenschaft Sozialer Arbeit zu etablieren:

„Wir benötigen Konzeptionen auf der Ebene von *Erklärungsmodellen* (Problembeschreibung und ‚Ursachen'); diese müssen ergänzt sein durch *Wirkungsmodelle* (wie ist die problematische Situation zu ändern? – an die Stelle eines ‚Alles geht' muß ein empirisch qualifiziertes Verständnis der sequentiellen Verknüpfung von Intervention und Zielzustand treten) und durch *Handlungsmodelle* (wie kann man ein Wirkungsmodell in Handlungsmodelle transformieren?)."[226]

Mittel zur Umsetzung von Transdisziplinarität sind nach Göppner einerseits die Orientierung an den Handlungsproblemen der Praktiker[227] und andererseits so genannte Theorieebenen, in die Wissen integriert werden soll.

---

[219] Siehe Göppner/ Hämäläinen (2004, S. 72).
[220] Vergleiche Göppner (2004, S. 10).
[221] Obrecht (2002a, S. 7) spricht von einer „Kultur des Additivismus", die zu „eine[r] Konzeption der Sozialen Arbeit als wilde[r] Ansammlung von unkoordiniert und aus allen Richtungen importiertem Wissen" geführt habe. Vergleiche auch Göppner (2004, S. 10).
[222] Siehe Göppner (2004, S. 38 f.); Obrecht (2001a, S. 13 ff).
[223] Vergleiche Göppner (2004, S. 38 f) sowie Obrecht (2001a, S. 9-15).
[224] Dieser Umstand kennzeichnet zusammen mit dem willkürlich erscheinenden Methodeneinsatz einen Zustand, den Göppner (2004, S. 17) als „methodische[n] Individualismus" bezeichnet.
[225] Siehe a.a.O., S. 5 ff.
[226] Siehe Göppner/ Hämäläinen (2003, S. 32).
[227] „Praxis entscheidet, welche Theoriemuster zu entwickeln sind, die in der Lage sind, ihre Handlungsprobleme zu reflektieren." (Göppner 2004, S. 9).

Bezüglich des *Wissenschaftsverständnisses* teilt Göppner die Forderung Engelkes nach einem empirisch und theoretisch überprüfbaren, systematisierten und hinreichend abgesicherten Wissensbestand. Wissenschaft soll nach Göppner des Weiteren die Möglichkeit des Erkenntnisfortschritts eröffnen.[228] Es ist anzunehmen, dass Göppner aus diesem Wissenschaftsverständnis heraus implizit, Obrecht explizit den korrespondenztheoretischen Wahrheitsbegriff[229] teilen, nach dem „die Wahrheit eines Satzes in der strukturellen Übereinstimmung zwischen dem Satz und dem von ihm beschriebenen Teil der Realität"[230] besteht.

In der Frage der Abgrenzung ihres Konzepts formulieren Göppner und Hämäläinen eine gewisse Skepsis gegenüber dem Einsatz der konstruktivistischen Systemtheorie.[231] Das Integrationsmodell Obrechts wird befürwortet, jedoch die Notwendigkeit „weiterer Vorkehrungen" gegen die Gefahr der Orientierungslosigkeit inmitten des überbordenden Theorienangebots reklamiert.[232] Außerdem distanziert sich Göppner wie schon Kleve und Engelke von jeglicher Zentraltheorie.[233]

---

[228] Siehe a.a.O., S. 23; Göppner/ Hämäläinen (2003, S. 33 f., 42 f.).
[229] Vergleiche Obrecht (2005a, S. 105).
[230] Schurz (2006, S.26).
[231] Vergleiche Göppner (2004, S. 23).
[232] Göppner/ Hämäläinen (2003, S. 42).
[233] Der Begriff der Zentraltheorie bezeichnet hier (a.a.O., S. 35 f.) die Verabsolutierung einer Theorie.

Transdisziplinarität erscheint in der *Konzeption Obrechts* nicht, wie noch bei Mittelstraß als Weiterentwicklung von Interdisziplinarität, sondern ist dieser vorgelagert: Sie ermöglicht erst *Interdisziplinarität*:

„Interdisziplinarität [besteht] in der Kooperation von Vertreterinnen und Vertretern verschiedener Disziplinen in der Bearbeitung gemeinsamer kognitiver Probleme. Demgegenüber zählt Transdisziplinarität im Sinne der metatheoretischen Integration heterodisziplinären Wissens auf die Bereitstellung der metatheoretischen Mittel, deren eine solche Kooperation bedarf, um erfolgreich zu sein."[234]

Wie in diesem Zitat deutlich wird, begreift Obrecht Transdisziplinarität als Integration heterogenen Wissens.[235] Integration von Wissen finde in das SPSA bzw. seine Subtheorien statt und sei prinzipiell in unterschiedlichen Stufen denkbar (z. B. Integration in Begriffe, Aussagen, Theorien oder Paradigmen).[236] Im Unterschied zu den zuvor rekonstruierten Konzeptionen favorisiert er, wie sich in diesem Zitat andeutet, die Überwindung fragmentierter Wissensbestände mittels eines Metastandpunktes:

„Das Problem, das die Sozialarbeitswissenschaft lösen muß, besteht darin, ihre relative Autonomie im Rahmen einer disziplinären Konzeption zu begründen, die einerseits die relative Autonomie anderer disziplinär organisierter Wissensgebiete anerkennt, statt sie zu leugnen, und die andererseits in der Lage ist, die Beziehungen zwischen diesen verschiedenen Wissensbeständen und zwischen jedem von ihnen und der Sozialarbeitswissenschaft zu klären und so deren Isolierung untereinander innerhalb eines umfassenderen Bezugrahmens aufzuheben."[237]

Wie auch in der Konzeption Kleves und Göppners kommt Transdisziplinarität im Konzept Obrechts eine zentrale *Bedeutung* zu,[238] wobei der Schwerpunkt bei Obrecht auf der Ausarbeitung von Mitteln zur Umsetzung von Transdisziplinari-

---

[234] Obrecht (2002b, S. 7 in Anlehnung an Rossini et al.).
[235] Obrecht verwendet den Terminus „heterogenes Wissen" als Sammelbegriff für Wissen aus unterschiedlichen (wissenschaftlichen und nicht-wissenschaftlichen) Kontexten (in dieser Arbeit ebenfalls als heterogenes Wissen bezeichnet) und Wissen aus verschiedenen Disziplinen (hier als multidisziplinäres Wissen bezeichnet).
[236] Siehe ausführlich Obrecht (2001a, S. 15 ff.).
[237] Obrecht (1996, S. 122).
[238] Vergleiche Obrecht (2001a, S. 14).

tät und auf deren metatheoretischer Begründung im Gegensatz zur Proklamierung von Transdisziplinarität als Wissenschaftsorientierung liegt.

Obrechts Kritik der *gegenwärtigen Situation* Sozialer Arbeit fällt ähnlich scharf aus wie die Göppners und erstreckt sich über alle Teilbereiche Sozialer Arbeit. Zusätzlich zu den in der Vorstellung des Konzeptes von Göppner genannten Kritikpunkten konstatiert Obrecht im Bereich der Ausbildung eine „*explizite antiintegrative, ultrapluralistische Kultur des Berufswissens* unter Berufung auf akademische Lehrfreiheit und später auf postmoderne Beliebigkeit".[239] Das Fehlen eines minimal geteilten Wissenskörpers erschwert nach Obrecht in der Praxis die Ausbildung einer Berufsidentität und in diesem Zusammenhang auch die Ausbildung kompetenter Kooperationsformen mit anderen Professionen. Die fehlende professionelle Identität stelle zugleich ein Einfallstor für reduktionistische disziplinäre Logiken dar.[240]

Das Konzept Obrechts bietet mehrere *Mittel* an, die zur Verwirklichung von Transdisziplinarität dienen sollen. Auf Grundlage der Arbeiten Mario Bunges werden mehrere Theorieinstanzen konzipiert, die diese Integration ermöglichen sollen. Da diese innerhalb des SPSA zu verorten sind, nehme ich in der folgenden Darstellung Bezug zu dieser Theorieumgebung.

---

[239] Obrecht (2001a, S. 13; Herv. im Original).
[240] Siehe Obrecht (2001b).

Die nachfolgende Grafik verdeutlicht die integrativen Theorieinstanzen des SPSA:

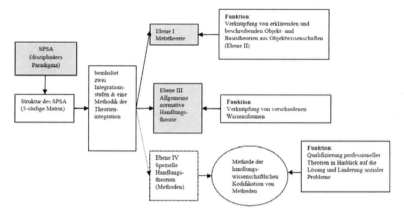

Abbildung 1: Integrative Theorieinstanzen (grau hinterlegt) in der Systematik des SPSA

Die *allgemeinste Struktur*, die Integration ermöglicht, besteht nach Obrecht in der Gesamtheit der fünfstufigen Matrix des SPSA. Der Begriff „Systemisches Paradigma" bezeichnet, was etwas irritiert, sowohl den Inhalt, das spezifische systemische Paradigma, als auch die Form, nämlich die fünf Ebenen umfassende disziplinäre Matrix. Die fünf Ebenen sind in abnehmender Allgemeinheit in die Bereiche der Metawissenschaften (I), Objekttheorien (II), die Allgemeine Normative Handlungstheorie (III) und Spezielle Handlungstheorien (Methoden) (IV) sowie die Ebene der Wirklichkeit (V) untergliedert. Die Notwendigkeit der Stufen III und IV bestehe lediglich in Handlungswissenschaften. Nur sie streben im Gegensatz zu primär an Erkenntnis interessierten Wissenschaften (Real- oder Objektwissenschaften) nach der Veränderung von Zuständen, im Falle der Sozialen Arbeit nach der Linderung und Lösung sozialer Probleme.[241] Die Funktion dieser fünfstufigen Matrix besteht nach Obrecht darin, für jede Handlungswis-

---

[241] Vergleiche Obrecht (2001a, S. 101 ff.).

senschaft anwendbar zu sein. Die Integrationsfunktion kommt hier also durch einen ähnlich strukturierten Theoriehorizont zum Tragen.[242]

Die *Metatheorien* als weitere Theorieinstanz umfassen die Gebiete der substantiven Metawissenschaften sowie die philosophischen Metatheorien, etwa Ontologie, Erkenntnis- und Wissenschaftstheorie. Ihre integrative Funktion entstehe über die Begründung der Unterscheidung von Systemebenen (im Gegensatz zum Modell Kleves), eine einheitliche Begrifflichkeit sowie die Begründung der Möglichkeit mechanismischen Erklärens, also die „Verknüpfung zwischen Gegebenheiten und Vorgängen auf verschiedenen Ebenen der Realität".[243] Diese Metatheorien, die Obrecht auch als transdisziplinären bzw. metatheoretischen Bezugsrahmen bezeichnet, stellten die Grundlage der Möglichkeit von Wissensintegration dar. Der Bezugsrahmen Obrechts wird also (wissenschafts-) philosophisch begründet im Gegensatz zur praxis- und forschungsorientierten Etablierung bei Göppner.

Die *Allgemeine Normative Handlungstheorie* (ANHT), theoretisiert die idealtypische Sequenzierung professioneller Handlungsschritte von der Situationsanalyse bis zur Evaluation. Ihre integrative Wirkung entwickle die ANHT als Bezugstheorie für unterschiedlichste Wissensformen, wie Erfahrungs- und Wertewissen. Auf Ebene dieser Theorieinstanz geht es also nicht primär um die Relationierung multidisziplinärer Theorien. Unterschieden wird nicht primär zwischen wissenschaftlichem und nicht- wissenschaftlichem Wissen. Stattdessen wird abgestellt auf Wissensformen je nach dem kognitiven Problem, zu dessen Lösung sie beitragen sollen. So erfordere der Schritt der Situationsanalyse Beschreibungswissen, Erklärungswissen und Prognosewissen.[244]

Die Unterscheidung von wissenschaftlichem Wissen und Alltagswissen wird in der Wissenschaftstheorie (Ebene I, Metatheorien) und in Objekttheorien (Ebene II)[245] des SPSA spezifiziert. Zu letzteren zählt die Subtheorie der Theorie So-

---

[242] Vergleiche Obrecht (2001a:101 ff.).
[243] Obrecht (2001a, S. 45 f.).
[244] Vergleiche Geiser (2004, S. 292 ff.) sowie Obrecht (2004, S. 291).
[245] Vergleiche Obrecht (2001a, S. 23-47).

zialer Akteure: das Psychobiologisches Erkenntnis- und Handlungsmodell des Menschen (PSYBIEHM), in dem Erkenntnis als psychobiologischer Prozess verstanden und erklärt werde.[246] Der Wissenschaftstheorie des SPSA nach teilen Alltagstheorien mit wissenschaftlichen Theorien die Funktion der Orientierungsstiftung, setzten jedoch im Gegensatz zu letzteren das unmittelbar wahrgenommene mit der „Wirklichkeit" gleich – eine Vereinfachung, die im alltäglichen Erleben unabdingbar ist, jedoch zu systematischen Verkürzungen und Fehlannahmen führt.[247] Im Prozess wissenschaftlichen Forschens dagegen bilde der phänomenale Eindruck der Welt den Ausgangspunkt wissenschaftlicher Forschung und nicht etwa deren Ziel.[248] Dem PSYBIEHM zu Folge sei es unmöglich, ohne Alltagstheorien zu denken. Die Notwendigkeit der Anreicherung von Alltagstheorien mit wissenschaftlichen Theorien ergebe sich aus den systematischen Beschränkungen von Alltagstheorien.

Die *Methode der Kodifizierung von Methoden* wirkt mittelbar integrativ, indem sie erlaubt, wirksame Methoden zu erschließen.[249] Diese Methode zielt insbesondere auf solche Methoden ab, die, obschon wirksam, nicht „klar als Regelsystem formuliert [sind] und/oder deren Regeln [...] nicht durch einen Mechanismus wissenschaftlich erklärt sind".[250] Die Methode der Methodenkodifikation gründet sich auf die Umkehrung des transformativen Dreischrittes, bei dem aus wissenschaftlichem (nomologischen) Wissen Handlungsregeln generiert werden. Die im transformativen Dreischritt gewonnenen Handlungsregeln haben orientierenden, nicht verbindlichen Charakter. Sie werden im ersten Schritt (Ableiten von nomopragmatischen Aussagen aus nomologischen Theorien) durch einen logischen Akt und im zweiten Schritt durch einen kreativen Akt (Ableitung von Handlungsregeln aus nomopragmatischen Aussagen) gewonnen.[251] Die Kodifi-

---

[246] Vergleiche Obrecht (1996, S. 130-149).
[247] Vergleiche Obrecht (2001a, S. 33 f.).
[248] Vergleiche a.a.O., S. 46.
[249] Siehe Obrecht/ Gregusch (2003).
[250] A.a.O., S. 66.
[251] Vergleiche Obrecht/ Gregusch (2003) am Beispiel der lösungsorientierten Therapie sowie Staub-Bernasconi (2002) am Beispiel des Empowerments.

zierungsmethode[252] umfasst folgende Schritte, die je nach Verfasstheit der Methode durchgeführt bzw. übersprungen werden können: Trennung von Regeln, Erklärungen und Werten → Systematisierung der Regeln → Rekonstruieren der Regeln in den Begrifflichkeiten der Allgemeinen Normativen Handlungstheorie → Erklärung der Wirkmechanismen → Bestimmen des Anwendungsbereiches der Methode in der Sozialen Arbeit → abschließende Evaluation.

Obrecht begreift *Transdisziplinarität* eindeutig als Konzept der Integration von heterogenem und multidisziplinärem Wissen. Dieses Verständnis impliziert, dass eine Integration gelingen, aber auch scheitern kann. Als Beispiel für Wissen, dessen Integration nicht bewerkstelligt werden würde, führt Obrecht den Fall sogenannten anti- oder pseudowissenschaftlichen Wissens an.[253] Obrecht plädiert in seinem Konzept von Transdisziplinarität also für eine vor allem theoretische Integration von Wissen. Diese diene sowohl dazu, ein „kohärenteres und systematischeres Professionswissen"[254] zu erzeugen als auch die Kohärenz dieses Wissens durch die Begrenzung des „Imports" neuen Wissens zu steigern.

Die Konzeption des Systemischen Paradigmas mit ihren Integrationsinstanzen stützt sich auf ein ratioempirisches *Wissenschaftsverständnis*. Demnach ist die Existenz der Welt unabhängig von der eines Beobachters[255] und es ist nicht möglich, sicher absolut wahres Wissen zu erwerben.[256] Aufgrund der Ausstattung des menschlichen Erkenntnisapparates[257] und unter Zuhilfenahme von wis-

---

[252] Vergleiche Obrecht/ Gregusch (2003, S. 66).
[253] Unter pseudowissenschaftlichen Theorien versteht Obrecht (2005b, S. 164) Theorien, die Wissenschaftlichkeit beanspruchen, ohne wissenschaftlich fundiert zu sein, wie es bei der Theorie des Kreationismus der Fall ist. Antiwissenschaftliche Strömungen und Anschauungen gehen nach Obrecht (2005b, S. 73) von der Existenz immaterieller Entitäten aus, die mit der materiellen Welt wechselwirken und die durch magische oder religiöse Praktiken beeinflussbar seien. Vergleiche auch Obrecht (2001a, S. 108 f.).
[254] Obrecht (2002a, S. 3).
[255] Vergleiche Obrecht (1996, S. 140) sowie (2001a, S. 43).
[256] Vergleiche Obrecht (2005a, S. 106).
[257] Dazu siehe prägnant Staub-Bernasconi (2007, S. 236 ff.). Fähigkeiten wie Intuition und vernunftgeleitetes Denken sind demnach notwendige, nicht hinreichende Bedingungen wissenschaftlichen Erkennens.

senschaftlichen Methoden[258] sei zumindest die Erzeugung näherungsweise wahren Wissens möglich.[259] In diesem Verständnis wird mit einer Modifikation vom korrespondenztheoretischen Wahrheitsbegriff ausgegangen.[260] Diesem Wissenschaftsverständnis entsprechend optiert Obrecht für die Korrektur und Weiterentwicklung der Teiltheorien des SPSA und ihrer Bezüge untereinander sowie für die Entwicklung konkurrierender transdisziplinärer Erklärungs- und Handlungstheorien.[261]

Die Notwendigkeit zur Integration von Wissen lässt sich ebenso aus dem Wissenschaftsverständnis Obrechts ableiten: In Anlehnung an Bunge betont Obrecht, das Ziel von Wissensintegration begründe sich mit der Einheit der Welt, nicht der wissenschaftlichen Rationalität wie bei Mittelstraß:

„Wenn die Welt ein konkretes und komplexes Supersystem, bestehend aus einer Vielzahl von Systemebenen mit je einer Vielzahl von Systemen ist, dann muß auch unser Wissen über sie ein System sein, in dem es ebensowenig isolierte Dinge gibt wie in der wirklichen Welt. Kurz, die Welt des Wissens darf in dieser Sicht ebensowenig aus unverbundenen Teilen bestehen, wie die Welt aus isolierten Objekten besteht."[262]

Die Konzeption Obrechts lässt sich insoweit von der Mittelstraß' abgrenzen, als letzterer das Ziel verfolgt, disziplinäre Engführungen besonders im Bereich der Geisteswissenschaften zu überwinden,[263] und in seinem Konzept vornehmlich interdisziplinäre Kooperationsprobleme problematisiert werden und kaum innerdisziplinäre Schwierigkeiten der Wissensintegration und –verknüpfung.[264] Er stimmt jedoch insoweit mit Mittelstraß überein, als die Produktion transdiszipli-

---

[258] Zur Ausführung des wissenschaftlichen Methodenbegriffes siehe Obrecht (2005a, S. 105 f.).
[259] Vergleiche Obrecht (2001a, S. 41 ff.).
[260] Die Korrespondenz besteht nach Obrecht (2005a, S. 105) in der klassischen Korrespondenztheorie zwischen „immateriellen Aussagen und materiellen Fakten", wohingegen im Rahmen der systemistischen Ontologie Bunges die Korrespondenz „zwischen mentalen Fakten in der Form von Denkprozessen in einem Gehirn und anderen Fakten innerhalb und außerhalb dieses Gehirns" bestehe.
[261] Vergleiche Obrecht (2001a, S. 110 f.).
[262] Obrecht (1996, S. 129).
[263] Vergleiche Obrecht (2002a, S. 10).
[264] Vergleiche Obrecht (2001a, S. 11 f.).

nären Wissens *besondere Anstrengungen* erfordere: Allerdings betont Obrecht, dass diese nicht nur programmatischer, sozialer und organisationaler Art sein sollten, sondern, und das ist ausschlaggebend, vor allem auf theoretischer Ebene liegen müssen.[265]

In seiner Konzeption von Transdisziplinarität *distanziert* sich Obrecht zwar nicht explizit, so doch inhaltlich von Transdisziplinarität als transwissenschaftlichem Prinzip, das sich in genuin neuen Arrangements von Wissenschaft und Gesellschaft zeige:

„Ziel von Transdisziplinarität ist [...] nicht etwa die Aufhebung von Disziplinen (im anderen Fall auch nicht der Grenze zwischen Wissenschaft und Öffentlichkeit), sondern die Förderung der Bildung von Theorien, welche Fragestellungen ermöglichen, die über disziplinäre Grenzen hinausgehen, d.h. der theoretischen Integration über disziplinäre Grenzen hinweg."[266]

3.2 Vergleich

In der Vorstellung der Konzeptionen ist deutlich geworden, dass jedes der fünf vorgestellten Modelle Transdisziplinarität als Charakteristikum eines spezifischen Wissenschaftstyps fasst, für den die Autoren optieren. Der sich nun anschließende Vergleich baut auf der Rekonstruktion der Konzepte auf. Er zielt darauf ab, einzelne Aspekte der Konzeptionen zu vertiefen und nach ihren Implikationen für die Umsetzung von Transdisziplinarität zu fragen. Um ein Beispiel zu nennen: Während in der Rekonstruktion der Konzepte allgemein nach dem explizierten Wissenschaftsverständnis gefragt wird, das den Konzeptionen zu Grunde liegt, wird in der dritten Vergleichsdimension spezifischer nach der Möglichkeit von Falsifikation gefragt und die Konzepte entsprechend ihrer impliziten oder expliziten Theorieentscheidungen zu einander in Beziehung gesetzt.

---

[265] Vergleiche a.a.O., S. 14.
[266] Obrecht (2002b, S. 7).

3.2.1 Zur Generierung von Relationswissen

Das Ziel eines jeden Vergleiches besteht darin, Relationswissen zu gewinnen. Im Anschluss an Gresshoff lässt sich Relationswissen begreifen als „Wissen über Eigenschaften bzw. Merkmale eines Gegenstandes im Verhältnis zu Eigenschaften bzw. Merkmalen des anderen Gegenstandes".[267] Die Transdisziplinaritätskonzepte als Gegenstände des Vergleiches betrachte ich dabei als koexistierende sozialarbeitswissenschaftliche Entwürfe bzw. im Anschluss an Pfaffenberger als „Programm-Alternativen"[268] im Prozess der Disziplinwerdung.[269] Als disziplininterne Determinanten beeinflussen sie nicht nur tatsächlich oder potenziell die Entwicklung der Disziplin Sozialer Arbeit, sondern, wie in der Kontextualisierung von Transdisziplinarität deutlich wurde, möglicherweise auch das Feld der Ausbildung und Praxis.

Sowenig wie je ein Vergleich von neutralem Boden aus stattgefunden hat, so wenig ist dies auch hier der Fall. Vergleiche implizieren immer einen Standpunkt, von dem aus das In-Beziehung-Setzen der Vergleichsgegenstände erfolgt. Damit geht zwangsläufig einher, dass „bestimmte Relevanzkriterien, Klassifikationen und Begriffsbestimmungen begünstigt, andere hingegen ausgeblendet oder gar tabuisiert"[270] werden. Aus diesem Grund soll das generierte Relationswissen explizit als Antwort auf bestimmte Fragen, nämlich die der Vergleichsdimensionen, verstanden werden. Der Vergleich reklamiert deshalb keine Vollständigkeit, sondern strebt die transparente Systematisierung und Relationierung der Konzepte an. Diese Relationierung wird angeleitet von vier Vergleichsdimensionen, die zur Beantwortung der Leitfrage dieser Untersuchung dienen: Was verbirgt sich hinter dem Begriff der Transdisziplinarität und welche Chancen und Grenzen für die Entwicklung Sozialer Arbeit sind mit den vorgestellten Konzepten von Transdisziplinarität verbunden?

---

[267] Gresshoff (2000, S. 32).
[268] Pfaffenberger (1993, S. 207).
[269] Nach Gresshoff (2000, S. 35 f.) impliziert Alternativität „Gemeinsamkeiten und Ungleichheiten. Letztere können nach sich Ergänzendem und/oder Gegensätzlichem differenziert werden."
[270] Zima (2000, S. 27).

3.2.2 Dimensionen des Vergleiches

Die Dimensionen des Vergleiches sind mit dem Ziel ausgewählt, möglichst gehaltvolle Antworten auf diese Leitfrage des Vergleiches zu geben. Außerdem sollen mit ihnen sowohl inhaltliche als auch formale Aspekte der Transdisziplinaritätskonzepte erfasst werden.

Folgende Dimensionen bestimmen den Vergleich:

1. Welche *Bearbeitungsprobleme* Sozialer Arbeit werden jeweils gesehen bzw. ausgeblendet?

Die Frage, welche Problemsicht die Konzepte auf den Zustand von Disziplin, Ausbildung und Lehre Sozialer Arbeit einnehmen bzw. der Umfang, in dem überhaupt Problematisierungen vorgenommen werden, wirkt sich auf die inhaltlich-programmatische Gestaltung der Konzepte aus: Wird Transdisziplinarität als Antwort auf bestimmte Problemlagen formuliert? Fungiert sie als Gegenwartsdiagnose Sozialer Arbeit oder als Zielvorstellung?

2. Wie ist die *Vermittlungsbasis* des multidisziplinären und heterogenen Wissens konstruiert?

Die Integrationskonzepte Engelkes, Göppner und Obrechts wie auch die Verknüpfungskonzepte von Wendt und Kleve gehen von einer Art Basis der Vermittlung (Integration oder Verknüpfung) aus. Dabei schließt der Begriff der „Vermittlungsbasis" sowohl einen Akteur als auch dessen Perspektive bei der Verknüpfung bzw. Integration von Wissen ein. Akteure der Verknüpfung sind in den Konzepten entweder Einzelne, Gruppen oder Institutionen. Die Perspektive des Akteurs entscheidet über die Sichtung und Bewertung der Wissensitems und deren Verknüpfung. Dabei ist davon auszugehen, dass sich die Perspektiven und Ziele einer *scientific community,* einzelner Studierender oder Praktiker deutlich unterscheiden. Bei welchen Akteuren wird die primäre Zuständigkeit für die Vermittlung gesehen und welche Herausforderungen gehen mit dieser Zuständigkeit einher?

3. Welche formalen Kriterien kennzeichnen die Transdisziplinaritätskonzepte? Existiert in ihnen die Möglichkeit der Falsifikation? Welche *Mittel* zur Verwirklichung von Transdisziplinarität in der Sozialen Arbeit werden vorgeschlagen?

Der Zusammenhang dieser drei Fragen besteht darin, dass ein Vergleich der Mittel nur dann sinnvoll ist, wenn hinreichend klar ist, wie sie sich zu ihrem Herkunftskonzept verhalten: Die Konzepte selbst sind beispielsweise unterschiedlich stark expliziert und deren Begriffe unterschiedlich präzisiert. Der zweite Teil der Vergleichsdimension fragt nach der Möglichkeit der Falsifikation. Sie ist keineswegs bei allen Konzepten vorgesehen, beeinflusst jedoch die zur Verwirklichung von Transdisziplinarität vorgesehenen Mittel. Wenn keine Falsifikationsmöglichkeit existiert, müssen zwei Theorien als gleichwertig behandelt werden, auch wenn sich eine von ihnen sich als empirisch oder logisch falsch herausgestellt hat. Von Interesse ist hierbei auch, in welchem Verhältnis die vorgeschlagenen Mittel zur Zielerreichung stehen: Sind sie notwendig oder hinreichend zur Umsetzung von Transdisziplinarität?

4. Welche der drei potenziell möglichen Operationen der *Selektion, Modifikation und Integration von Wissen* thematisieren und theoretisieren die Transdisziplinaritätskonzepte?

Diese Frage ermöglicht die Reflexion einer unterschwelligen Theorieentscheidung: Im Umgang mit verschiedenen Arten von Wissen (z. B. geistes-, naturwissenschaftliches Wissen, Erfahrungswissen) ist Integration bzw. Verknüpfung von Wissensitems nicht die einzig mögliche Operation zum Aufbau transdisziplinärer Wissenssysteme. Bewusst oder unbewusst, gesteuert oder willkürlich, transparent oder verdeckt werden ebenso Operationen der Selektion und Modifikation von Wissensitems vollzogen.[271] Aus diesem Grunde ist es von Interesse, die Konzepte auch im Hinblick auf die Selektions- und Modifikationsmöglichkeiten zu vergleichen.

3.2.3 Vergleich der Transdisziplinaritätskonzepte Sozialer Arbeit

Im Rahmen dieses Vergleichs werden neben den vier vorgestellten Vergleichsdimensionen zwei Themenbereiche als Exkurse thematisiert. Von Interesse ist dabei zum einen, welche Problematisierung insbesondere dem Bereich der Praxis zuteilwird und zum anderen, wie die Konzepte Sozialarbeitswissenschaft wissenschaftssystematisch einordnen. Die Ergebnisse dieses Vergleichs bilden den Grundstein für die anschließende vertiefte Diskussion.

3.2.3.1 Ein- und ausgeblendete Bearbeitungsprobleme

Den fünf Konzepten liegt kein gemeinsames Verständnis der Bearbeitungsprobleme Sozialer Arbeit zugrunde. Außerdem variiert die Schärfe der Kritik an den bestehenden Bearbeitungsformen sozialer Probleme in Disziplin, Ausbildung und Praxis stark. Unterschiedliche Einschätzungen entzünden sich vor allem an der Frage der Notwendigkeit von und des Umgangs mit Theorienpluralismus.[272]

Es lassen sich in den Situationsbeschreibungen Sozialer Arbeit drei Aspekte von Theorienpluralismus ausmachen, die jeweils unterschiedlich und unabhängig voneinander problematisiert werden: *Erstens* ist damit der einfache Umstand bezeichnet, dass Soziale Arbeit über eine große Anzahl Theorien verfügt, die als relevant erachtet, gelehrt und in der disziplininternen Theoriebildung genutzt werden. *Zweitens* kann damit der Umstand betont werden, dass sich Theorien entweder auf verschiedene Gegenstände beziehen, die für Soziale Arbeit von Interesse sind oder auf verschiedene Aspekte desselben Gegenstandes. Entspre-

---

[271] Auf die Bedeutung dieser drei Operationen weisen auch Löbl und Wilfing (1995, S. 330) hin.
[272] Vergleiche dazu etwa auch Mühlum (2004b).

chend der disziplinären Verfasstheit von Wissenschaft stammen diese Theorien aus unterschiedlichen Bezugsdisziplinen (Multidimensionalität). *Drittens* können damit Eigenschaften des Verhältnisses dieser Theorien untereinander bezeichnet werden: Dieses kann neutral als fragmentiert bzw. unverbunden oder wertender mit entsprechenden Metaphern charakterisiert werden.[273] Neben diesen Aspekten kann jedoch auch auf die mögliche oder tatsächliche Widersprüchlichkeit der Theorien untereinander Bezug genommen werden.

Im Folgenden möchte ich nachzeichnen, dass die Autoren erstens die beschriebenen Einzelaspekte von *Theorienpluralismus unterschiedlich stark problematisieren* und zweitens *mit dem zunehmenden Grad der Problematisierung das Ziel der Verknüpfung von Wissen abgelöst wird durch das der Integration von Wissen*. Im Anschluss werde ich mögliche Gründe für diese Unterschiede im Problematisierungsgrad aufzeigen.

Sichtet man die umfangreiche, sich auf alle institutionalisierten Bereiche Sozialer Arbeit beziehende Kritik von Göppner und Obrecht, so ist festzustellen, dass ein Großteil der Problematisierung sich auf den Umgang mit Theorienpluralismus oder die Konsequenzen von Theorienpluralismus bezieht.[274] Am nachdrücklichsten erfolgt die Kritik beider bezogen auf den dritten Aspekt, den der Fragmentierung[275] und fehlenden Systematik. Im Fall der transdisziplinären Integrationswissenschaft richtet sie sich ebenso gegen die Indifferenz gegenüber widersprüchlichen Theorien.[276] Diese Punkte, so Obrecht, wirken sich bis in den Bereich der Praxis aus, wo komplexe Theoriemodelle fehlen, mit denen soziale

---

[273] So spricht etwa Göppner (2004, S. 10) von einer „ungeordnete[n] Kollektion".

[274] Zu den nicht mit Theorienpluralismus in Zusammenhang stehenden Kritikpunkten zählen beispielsweise im Bereich der Lehre die Dominanz von bezugswissenschaftlichen Lehrkräften oder fehlende professionelle Kooperationsformen.

[275] „Eine Diskussion [der Wissenschaft Sozialer Arbeit; S.B.] auf der Basis von ‚Theorien' führt nicht weiter, da Theorien zunächst mal nur ein ungeordneter Haufen von Theorien sind, die sich teilweise gegenseitig widersprechen. Es fehlt ein ordnendes Prinzip, eine Systematik, […] da sie sonst keine orientierende Funktion gewährleisten" (Göppner 2004, S. 22). Siehe hierzu auch Obrecht (2003).

[276] Siehe Obrecht (2003, S. 132).

Probleme adäquat begriffen werden können.[277] Weniger stark werden die Auswirkungen der ersten beiden Aspekte kritisiert: Besonders der anhaltende (unkontrollierte) Import immer neuer Methoden wird hinterfragt.[278] Der zweite Aspekt wird nur mittelbar angesprochen: Das Nebeneinander zahlloser disziplinärer Perspektiven begünstige beispielsweise die Entstehung reduktionistischer disziplinärer Logiken, die statt umfassenderer Modelle zur Orientierung in komplexen Situationen genutzt werden.[279] Als Folgeproblem der großen Zahl relevanter Theorien (zweiter Aspekt), kombiniert mit deren Unverbundenheit (dritter Aspekt) identifiziert Göppner das Problem des „methodischen Individualismus und Privatismus",[280] womit er die Auswahl von Interventionsmethoden nach persönlichen Präferenzen statt nach ihrer Angemessenheit im jeweiligen Fall bezeichnet.

In den Konzepten von Engelke, Wendt und Kleve ist in dieser Reihenfolge eine abnehmende Problematisierung des Phänomens Theorienpluralismus erkennbar: Engelke kritisiert die fehlende Hinordnung des Wissens auf den Gegenstand Sozialer Arbeit, befürwortet jedoch Theorienpluralismus als Ausweis einer demokratisierten Wissenschaft und tritt für eine „Koexistenz und Komplementarität von Theorien"[281] ein. Er problematisiert, dass sich in der Vielfalt der Theorien (Aspekt eins) einzelne befänden, die in ihrem Menschenbild gegen die Berufsethik und Kodizes Sozialer Arbeit verstoßen (namentlich postmoderne Theorien) oder/und ein empirisch-theoretisches Wissenschaftsverständnis ablehnen.[282] Wendt kritisierte in früheren Arbeiten zwar den (dritten) Aspekt der Fragmentierung bzw. fehlenden Systematik,[283] in seinem Aufsatz zu Transdisziplinarität[284] findet sich jedoch keine derart explizite Problematisierung. Zwar wird die Vielfalt der Theorien konstatiert, es bleibt jedoch unklar, wie diese bewertet wird.

---

[277] Siehe Obrecht (2001a, S. 13).
[278] Vergleiche Obrecht (2003, S. 160 ff.)
[279] Siehe Obrecht (2001b).
[280] Göppner (2006, S. 3).
[281] Engelke (2003, S. 475).
[282] Vergleiche ebd.
[283] Siehe Wendt (1994, S. 16-22).
[284] Vergleiche Wendt (2006).

Die Verknüpfung wird lediglich als „allgemeine Aufgabe von Studium und Lehre"[285] postuliert. Wie in der Vorstellung gezeigt, bejaht das Konzept der postmodernen Koordinationswissenschaft Theorienpluralismus in allen drei Aspekten. Zwar wird die Möglichkeit widersprüchlicher Theorien thematisiert, jedoch erscheint ihre Koexistenz aufgrund der tatsächlichen Ambivalenz in Handeln und Welt als durchaus angemessen.[286]

In der Zusammenschau des Problematisierungsgrades von Theorienpluralismus fällt auf, dass mit der zunehmenden Problematisierung von Theorienpluralismus das Ziel der Verknüpfung von Wissen abgelöst wird durch das der Integration von Wissen in eine abstraktere Ordnung.

Beispielsweise entwickelt Kleve, der den Pluralismus von Theorien nachdrücklich bejaht,[287] kein Integrationsmodell, sondern versteht unter Transdisziplinarität das Herstellen von Verknüpfungswissen zwischen Theorien. Das Maß, in dem die Autoren Integration favorisieren, nimmt über die Konzepte von Engelke[288] (Synthesemodelle) und Göppner (Integration in Erklärungs-, Wirkungs- und Handlungsmodelle) bis zu dem Obrechts (Integration in ein disziplinäres Paradigma bzw. dessen Subtheorien) zu. In letzterem wird die bestehende Koexistenz gegensätzlicher Theorien am schärfsten kritisiert:

„Explizite Toleranz gegenüber Theorien, die sich widersprechen ist in einem wissenschaftlichen Kontext gleichbedeutend mit Irrationalismus. [...] Das Toleranzgebot gilt Menschen, nicht Behauptungen faktischer, theoretischer oder moralischer Art."[289]

---

[285] A.a.O., S. 1.
[286] Vergleiche Kleve (1999, S. 73).
[287] Für den Bereich der Praxis konstatiert Kleve (a.a.O., S. 132): „Der Konstruktivismus lädt die Praxis dazu ein und bestärkt sie darin, das zu tun, was sie bereits praktiziert: nämlich einen Methodenpluralismus, der sich darin ausdrückt, dass jeweils die Methoden angewandt werden, die in Abhängigkeit von sozialen, zeitlichen und sachlichen Dimensionen brauchbar erscheinen."
[288] Engelke favorisiert Integration in Form von Synthesebildung, also eine stärkere Form der Strukturierung als es bei Verknüpfungsmodellen der Fall ist, jedoch eine schwächere als die Integration in bestehende Theorien bzw. Paradigmen bei Obrecht. Göppner und Engelke haben insoweit eine ähnliche Integrationsvorstellung, als dass Göppner das Synthesemodell, in das multidisziplinäres Wissen eingebunden wird, differenziert in Erklärungs-, Wirkungs- und Handlungsmodelle.
[289] Obrecht (2001a, S. 78).

Die unterschiedliche Problemsicht auf die Situation Sozialer Arbeit, besonders auf das Phänomen des Theorienpluralismus, formiert sich vor der Entscheidung, Theorienpluralismus entweder stärker als Ziel oder als Methode[290] einer Sozialarbeitswissenschaft zu begreifen. Besonders im Falle der Konzepte Göppners und Obrechts wird deutlich, dass der Pluralismus von Theorien methodisch verstanden wird und nicht an sich als Ziel fungiert.[291] Methodischer Pluralismus dient hier unmittelbar dem Zweck der Suche nach möglichst wahren Aussagen über die Wirklichkeit durch den systematischen Ausschluss falscher Aussagen. Im Falle der Konzeption Kleves erscheint der Pluralismus von Theorien, genauer gesagt deren Reflexion, stärker als Ziel.[292] Ein Hinweis darauf kann in der Behauptung gesehen werden, dass „selbst wissenschaftliche Begründungen letztlich nicht anders als mehrdeutig und widersprüchlich zu haben sind",[293] mithin Pluralität aus der Unmöglichkeit von Eindeutigkeit erwächst.[294] Begreift man wie in der Konzeption Kleves Theorienpluralismus in all seinen Facetten als Ziel von postmoderner Wissenschaft, so erscheint es schlüssig, Theorienpluralismus gerade nicht als Problem zu fassen, auf das Transdisziplinarität eine Antwort sein könnte. Legt man die Unterscheidung von Theorienpluralismus als Ziel bzw. Methode an Engelkes Konzeption an, so wird auf Theorienpluralismus zwar als

---

[290] Schurz (1998, S. 6) beschreibt die Notwendigkeit eines methodischen Theorienpluralismus treffend: „Da kritische Widerlegungsversuche immer im Lichte möglicher Alternativtheorien vorgenommen werden, muß also, gerade zum Zweck einer möglichst effektiven Annäherung an die Wahrheit und der Findung einer möglichst realitätsadäquaten Theorie, die Erprobung von Alternativtheorien zu jedem Zeitpunkt der Wissenschaftsentwicklung zulässig sein.".

[291] So zählt Obrecht (2001a, S. 110 f.) zu den wünschenswerten Entwicklungen Sozialer Arbeit die Entwicklung von weiteren transdisziplinären Paradigmen zu Diskussionszwecken sowie eine Beschränkung der Entwicklung neuer Paradigmen, sofern keine theoretische Notwendigkeit dazu besteht. Auch für Göppner (2006, S. 2) stellt die Pluralität von Theorien nicht das Ziel, sondern eine Methode von Wissenschaft dar.

[292] Vergleiche Kleve (2000, S. 144). Wobei die Reflexion der Theorien über Dichotomien wie die der Ganzheit/ Differenz, Theorie/ Praxis und Fundamentalismus/ Beliebigkeit stattfinden kann. Beispielhaft für eine Reflexion dieser Gegensätze siehe Kleve (1999).

[293] Kleve (1999, S. 309).

[294] Zugrunde liegt hierbei Kleves (a.a.O., S. 17 ff., 310) Postulat der Ambivalenz bzw. Polyvalenz der Welt.

Methode rekurriert, dies jedoch vor dem Hintergrund der Notwendigkeit soziokulturell unterschiedlicher Beschreibungs- und Erklärungstheorien.[295]

Exkurs 1: (Ent-)Problematisierungen der Praxis

Ob Bearbeitungsprobleme in den Bereichen Disziplin, Ausbildung und Profession in den Konzepten thematisiert und andere ausgeblendet werden, hängt wesentlich davon ab, wie das Verhältnis von Disziplin und Praxis jeweils begriffen wird und damit inwieweit Wissenschaft überhaupt Anspruch auf Praxisrelevanz erheben kann. Die umfassende Kritik, die Obrecht an den Bearbeitungsproblemen in Disziplin, Ausbildung und Praxis übt, ist möglich durch die Annahme, dass ein systematisiertes Wissens- bzw. Theoriensystem einen signifikanten Beitrag zur Verbesserung von Ausbildung und Praxis leisten kann. Auch das Konzept Göppners, das mit dem Obrechts die Mehrzahl der Kritikpunkte teilt, betont die Relevanz des generierten wissenschaftlichen Wissens für die Praxis.[296] Wendt dagegen konzeptualisiert das Verhältnis von disziplinären Theorien und Praxis unbestimmt und widersprüchlich: Einerseits entziehe sich Soziale Arbeit im Anschluss an Kleve der „Differenzierung" in Theorie und Praxis,[297] andererseits solle in der Praxis mit den so genannten Verknotungen der Theorien gearbeitet werden. Im Gegensatz zu Göppner, Obrecht und interessanterweise auch zu Wendt, der sich auf Kleve bezieht, erhebt Kleve in seiner Konzeption nicht den Anspruch, mit verknüpftem theoretischen Wissen primär eine Wissensbasis für die Handlungen und Entscheidungen der Praktiker zu schaffen. In seiner Konzeption stellt die Disziplin Sozialer Arbeit, wie bereits erwähnt, eher eine Instanz der Reflexion der Praxis als der Wissensproduktion dar.[298]

---

[295] Vergleiche auch Engelke (2003, S. 215-217).
[296] Vergleiche Göppner (2004, S. 16 ff.).
[297] Wendt (2006, S. 7). Wobei selbst Untrennbarkeit nicht impliziert, dass analytisches Unterscheiden gewinnbringend sein könnte. Diese Differenzierung bleibt bei Wendt ungenutzt.
[298] Vergleiche hierzu Kleve (2000, S. 144) sowie (2006, S. 21).

3.2.3.2 Vermittlungsbasis der Verknüpfung bzw. Integration

Die Frage nach der Vermittlungsbasis der Konzepte lässt sich aufgrund des unterschiedlichen Explikationsgrades und der teilweise vorherrschenden begrifflichen Unschärfe einzelner Konzepte nicht durchgehend präzise beantworten. Dennoch soll hier der Versuch unternommen werden, sich den Akteuren der Verknüpfung/Integration zu nähern.

Die Vermittlungsbasis kann potenziell zwei Arten von Wissen in zwei denkbaren Modi verknüpfen bzw. integrieren: einerseits *multidisziplinäres* (wissenschaftliches) *Wissen*, welches meist in Aussagenkomplexen, bewährten Gesetzen oder Theorien vorliegt und andererseits *heterogenes*, nicht-wissenschaftliches *Wissen*, wie beispielsweise Erfahrungswissen oder situationsspezifisches Wissen. Die Verknüpfung bzw. Integration kann *theoretisch* und im weitesten Sinne *praktisch*, also im Handlungsvollzug erfolgen. Während mit theoretischer Integration/Verknüpfung die Verbindung von Wissensitems innerhalb einer Theorie bzw. die Relationierung einer Mehrzahl von Theorien gemeint ist, bezeichnet der Begriff der praktischen Integration hingegen die sozialen oder organisatorischen Handlungen, die Theorien Relevanz im professionellen Handeln zuweisen.[299]

Zunächst soll die Vermittlungsbasis der theoretischen Integration bzw. der Verknüpfung von multidisziplinärem Wissen und danach die heterogenen Wissens vorgestellt werden. Im Anschluss daran folgt die Sichtung der Vermittlungsbasis bei der praktischen Integration von Wissen.

In den Modellen von Engelke, Göppner und Obrecht fungiert im Bereich der *theoretischen Integration multidisziplinären Wissens* die internationale und nationale wissenschaftliche Community Sozialer Arbeit, also die Fach- und Bezugswissenschaftler, als Vermittlungsbasis. Sie entscheiden über Notwendigkeit und Form der Integration in den jeweiligen Bezugsrahmen.[300] Alle drei Konzeptionen gehen also von einer *disziplinären* theoretischen Vermittlungsbasis multi-

---

[299] Hier sei etwa auf Weicks Arbeit (2004) zur Relevanz professioneller Deutungsschemata am Beispiel des Battered-Child-Syndroms hingewiesen.
[300] Vergleiche Engelke (2003, S. 61 f.); Obrecht (2001a, S. 107 ff.) und Göppner und Hämäläinen (2003).

disziplinären Wissens aus, die die Entwicklung von transdisziplinärem Wissen vorantreibt und der Praxis in Form von handlungs- und erklärungsrelevanten Theorien zur Verfügung stellt. Im Konzepts Obrechts ist es nicht ausgeschlossen, dass Praktiker, eine entsprechende Ausbildung vorausgesetzt, eigenständig transdisziplinäre Theorien zu entwickeln vermögen.[301] Aufgrund der notwendigen umfassenden Theoriekenntnisse und des aufwändigen Verknüpfungsprozesses verorten die Konzepte von Engelke, Göppner und Obrecht diese Aufgabe jedoch primär disziplinär.[302]

Sowohl bei Wendt als auch bei Kleve lässt sich die Basis der theoretischen Verknüpfung nicht eindeutig bestimmen. Im Falle Wendts ist dies der nicht aufgelösten Mehrfachbestimmung von Transdisziplinarität geschuldet. Trotz der Rekonstruktionsschwierigkeiten ist zumindest eine Annäherung an die Vermittlungsbasis möglich: Im Unterschied zu Engelke, Göppner und Obrecht verorten Wendt und Kleve die Vermittlungsbasis multidisziplinären Wissens weniger exklusiv in der wissenschaftlichen Community der Sozialen Arbeit. Ich werde dies zuerst an der Konzeption Wendts, der sich auf Kernaspekte der Konzeption Kleves beruft,[303] verdeutlichen: Zwar begrüßt Wendt in seinem Entwurf die Institutionalisierung einer Fachwissenschaft Sozialer Arbeit,[304] jedoch bleibt die disziplinäre Perspektive der Sozialarbeitswissenschaft als Akteurin der Verknüpfung unklar: Denn einerseits schreibt Wendt der Sozialarbeitswissenschaft eine eigene Problem- und Aufgabenstellung zu, auf die die Wissensitems hin geordnet werden sollen, andererseits wird betont, Soziale Arbeit teile ihren Gegenstand (den Alltag von Menschen) mit anderen Disziplinen, die am „Knüpfen des besagten Theorienetzes" beteiligt sind.[305] Zwar ist es durchaus denkbar, dass ein disziplineigenes Problemverständnis gleichzeitig offen gegenüber anderen disziplinären

---

[301] Obrecht und Staub-Bernasconi (1996, S. 267).
[302] Siehe Engelke (2003, S. 62); Göppner und Hämäläinen (2004, S. 72); Obrecht (2001a, S. 109).
[303] Dabei handelt es sich um das Modell Sozialer Arbeit als Orientierungsrahmen, ein in weiten Teilen postmodernes Wissenschaftsverständnis sowie die Übernahme des Verknüpfungs- bzw. Netzmodells von Theorien. Vergleiche Kapitel 3.1.1.
[304] Siehe Wendt (2006, S. 8 ff.).
[305] Vergleiche a.a.O., S. 3 ff.

Perspektiven ist, jedoch verwendet Wendt das Attribut der Offenheit eher im Sinne einer unbeschränkten Verhandelbarkeit.[306] Diese widersprüchliche Argumentation wird nicht aufgelöst, sodass offen bleibt, von wem unter welcher Perspektive mit welchen Relevanzen Verknüpfungen vorgenommen werden sollen.

Diese Schwierigkeit lässt sich für die Konzeption Kleves analog ausmachen: Auch sie bleibt in ihren Ausführungen unbestimmt und proklamiert eine transdisziplinäre Praxiswissenschaft, die gleichzeitig „transdisziplinäre Moderatorin, Supervisorin und Mediatorin innerhalb der unterschiedlichsten Theorielandschaften"[307] sei. Es fehlt jedoch eine Erläuterung, wie diese unterschiedlichen Funktionsbestimmungen, die in dieser Professionsanalogie zum Tragen kommen, miteinander in Beziehung stehen: Wann und unter welcher Perspektive leitet Sozialarbeitswissenschaft im Sinne einer Moderation, wann soll Soziale Arbeit Reflexionsinstanz sein und zu welchem Zweck soll eine Allparteilichkeit in der Diskussion um Theorien herrschen?

Auch das Modell des Orientierungsrahmens gibt darüber keinen Aufschluss. Die Frage, welcher Akteur multidisziplinäre Theorien verknüpfen soll, ist deshalb nicht eindeutig zu beantworten, weil im Modell Kleves lediglich Vorstufen der Verknüpfung, nämlich die Auswahl und Analyse von Theorien, thematisiert werden. Es erscheint jedoch, wie ich zeigen möchte, wahrscheinlich, dass die Verknüpfung individuell von Studierenden und Praktikern geleistet werden soll. Beiden Gruppen schreibt Kleve zunächst aus methodischen Gründen zu, „Experten für die Auswahl dessen […], was sie für ihre Arbeit benötigen"[308] zu sein und gesteht ihnen zu, zu untersuchende Theorien danach zu auszuwählen, ob sie ihnen als praktisch brauchbar erscheinen.[309] Beim Schritt der Theorienanalyse

---

[306] „Die Sozialarbeitswissenschaft ist an einem offenen Austausch darüber interessiert, wie diese Problemkomplexe zu verstehen und zu lösen sind." (a.a.O., S. 6).
[307] Kleve (2006, S. 21).
[308] A.a.O., S. 15.
[309] Bei dieser methodischen Zuschreibung, die Kleve mit dem Ziel begründet, die Asymmetrien zwischen beiden Seiten nicht verstärken zu wollen, bleibt er jedoch nicht. Er bewertet den Methoden- und Theorienpluralismus der Praxis durchaus als angemessen, professionell und funktional in Anbetracht der Ambivalenzen, die den Strukturen Sozialer Arbeit innewohnen. Vergleiche Kleve (1999, S. 21, 129) sowie (2006, S. 20 f.).

bleibt offen, durch wen die in Ausbildung und Praxis analysierten Theorien im Anschluss verknüpft werden sollen. Kleves Plädoyer für die Autonomie der Praktikern und Studierenden bei der Auswahl ihnen brauchbar erscheinender Theorien legt jedoch nahe, dass auch sie es sind, die individuell und einzelfallbezogen Theorien verknüpfen. Angesichts der Ablehnung moderner Ansprüche an wissenschaftliche Standards impliziert dies, dass sich aller Wahrscheinlichkeit nach von Individuum zu Individuum entscheidet, nach welchen Maßgaben Theorien miteinander verknüpft werden. Im Endeffekt, so scheint es, sollen in dieser Konzeption persönliche Präferenzen und Kompetenzen über die Auswahl der Theorien und die Form und Angemessenheit der Verknüpfung entscheiden.

Den Aspekt der *theoretischen Integration von heterogenem Wissen* theoretisiert die Konzeption Obrechts. Die Allgemeine Normative Handlungstheorie (ANHT), welche heterogene Wissensformen integriere, betone bei jedem Handlungsschritt die jeweils dominierende relevante Wissensform.[310] Die Weiterentwicklung und Konkretisierung der ANHT für die Praxis ist nach Obrecht Aufgabe der Disziplin.[311] Die konkrete inhaltliche Ausfüllung der AHNT obliege den entsprechend ausgebildeten Sozialarbeitern.[312]

Praktische Integration bzw. Verknüpfung wird in allen Konzeptionen meist ergänzend zur theoretischen thematisiert. Im Modell Kleves kann jedes Mitglied der Disziplin, Lehre und Profession als Verknüpfungsbasis fungieren. Um handlungsrelevante Potentiale der Theorien zu erkennen, schlägt Kleve vor, „Spuren zu finden, die von der Theorie präferierte Handlungswege entblößen".[313] Engelke betont die Bedeutung der Berufsgruppe für die praktische Integration, die etwa über Weiterbildung sichergestellt werden soll.[314] Obrecht und Staub-Bernasconi stellen besonders die Bedeutung der Vermittlung von Verknüpfungskompetenzen an die Studierenden sowie die notwendige Bereitschaft des Forschungs- und Lehrkörpers zur Vermittlung praktischer (und theoretischer) In-

---

[310] Siehe die Vorstellung des Modells von Obrecht im Kapitel 3.1.3.
[311] Vergleiche Obrecht (2001a, S. 68 ff.).
[312] Siehe Geiser (2004, S. 66-68); Obrecht (2001a, S. 69).
[313] Kleve (2006, S. 20). Eine Konkretisierung dieses Sprachbildes findet sich nicht.
[314] Vergleiche (2003, S. 187 f.).

tegration heraus.[315] Außerdem wird die durch die Fachwissenschaft zu gestaltende Anpassung der Curricula thematisiert.[316]

Allein im Modell Wendts wird praktische Integration gegenüber theoretischer Verknüpfung favorisiert, weshalb es an dieser Stelle interessant erscheint, nach der Vermittlungsbasis der praktischen Integration zu fragen. Nach Wendt findet Theorienverknüpfung[317] „an den Fronten sozialpraktischer, sozialpolitischer und sozialwirtschaftlicher Aufgabenstellungen"[318] statt. Mit dem Beharren auf einer unbestimmten Mittlerposition zwischen den Disziplinen sowie zwischen Theorie und Praxis soll die transdisziplinäre Sozialarbeitswissenschaft dem Unheil der eigenen disziplinären Engführungen[319] entgehen. Eine eigenständige disziplinäre Perspektive bzw. ein eigenständiges Professionsverständnis, was sich nicht nur reaktiv, sondern auch offensiv gegen Macht- und Interessenlagen im wissenschaftlichen wie praktischen Feld behauptet, ist in dieser Konzeption nicht vorgesehen.

3.2.3.3   Formale Kriterien, Mittel zur Umsetzung von Transdisziplinarität und Möglichkeiten zur Falsifikation

Aus formaler Sicht lassen sich die Konzepte hinsichtlich des mit ihnen verbundenen Publikationsumfangs, des Grades an Theoretisierung der Mittel zur Umsetzung von Transdisziplinarität und ihrer begrifflichen Klarheit unterscheiden. Diese formalen Gesichtspunkte wirken sich auf die Mittel, die zur Umsetzung von Transdisziplinarität vorgeschlagen werden, aus.

---

[315] Vergleiche Obrecht 2003, S. 122; Obrecht und Staub-Bernasconi (1996, S. 267, 287 ff).
[316] Vergleiche hierzu Engelke (1996b); Göppner und Hämäläinen (2003, S. 32); Obrecht und Staub-Bernasconi (1996).
[317] Wendt verwendet die Termini Integration und Verknüpfung in weiten Teilen seines Textes synonym, obwohl sein Konzept streng genommen nur Verknüpfung erlaubt. Diese Verwendung muss insoweit als problematisch gelten, als die disziplinäre Perspektive bzw. der Wissensfundus, in die oder den hinein etwas integriert werden könnte, widersprüchlich konzipiert ist.
[318] Wendt (2006, S. 9).
[319] Vergleiche Wendt (2006, S. 4).

Bezogen auf die Publikationsmenge räumen Kleve und Obrecht unter den vorgestellten Konzeptionen Transdisziplinarität den größten Raum ein.[320] Zwar ist der Aufsatz Wendts zur Bedeutung von Transdisziplinarität an prominenter Stelle erschienen, jedoch spielt Transdisziplinarität in den weiteren Arbeiten Wendts[321] und auch Engelkes kaum eine Rolle. In Engelkes Konzeption stellt Transdisziplinarität lediglich eine von drei Charakterisierungen der Wissenschaft Sozialer Arbeit dar – entsprechend begrenzt wird dieser Aspekt ausgearbeitet.[322] Transdisziplinarität wird zwar auch von Göppner als Hauptcharakteristikum einer Praxiswissenschaft[323] in mehreren Publikationen thematisiert, es wird jedoch nicht umfangreicher ausgearbeitet. Die Schwerpunkte der Ausarbeitung liegen auf der Charakterisierung einer Praxiswissenschaft,[324] der Kritik am Entwicklungsstand sämtlicher institutioneller Bereiche Sozialer Arbeit[325] sowie auf der Systematisierung bestehender Wissenschaftsentwürfe.[326]

Zwar benennen alle Autoren der vorgestellten Konzepte die Form, in der Transdisziplinarität umgesetzt werden soll, die Ausarbeitung der konkreten Mittel erfolgt, wenn sie überhaupt vorgenommen wird, jedoch in unterschiedlichem Ausmaß. Die Konzepte von Engelke und Göppner sehen die Umsetzung von Transdisziplinarität mittels mehr oder weniger differenzierter Synthesemodelle, deren Entwicklung noch aussteht, vor. Das Konzept Obrechts favorisiert Theorienintegration von einem Metastandpunkt aus. Das Modell Kleves und in Anlehnung an seine Arbeiten das Wendts plädieren dagegen für eine Verknüpfung der „explizierbaren Übergänge, Zusammenhänge bzw. gegenseitigen Abhängigkeiten und Verbindungen von unterschiedlichen Rationalitäts- aber auch Theo-

---

[320] Siehe Kleve (1999, S. 32 ff.); (2000); (2001, S. 22 ff.); (2003a); (2003b, S. 89 ff.) sowie (2006) sowie Obrecht (1996); (2000); (2001a); (2002b); (2002c); (2003); (2005a).
[321] Transdisziplinarität wird in der thematisch verwandten Abhandlung Wendts zum Wissensmanagement nicht erwähnt. Vergleiche Wendt (1998).
[322] Vergleiche Engelke (2003).
[323] Vergleiche Göppner/ Hämäläinen (2003, S. 38ff.).
[324] Siehe Göppner (2004); (2006); Göppner/ Hämäläinen (2003).
[325] Vergleiche Göppner (2004).
[326] Vergleiche dazu besonders Göppner/ Hämäläinen (2004).

rien- und Methodenkonzepten".[327] Obschon Metaphern in der Lage sein können, hochkomplexe Bedeutungszusammenhänge (transdisziplinäre Handlungswissenschaft) durch den Brückenschlag zu bekannten, visuell präsenten Sinnzusammenhängen (Netz) nachvollziehbar zu machen, gelingt dies im Fall der Netz-Metapher, die Wendt und Kleve nutzen, kaum. Das Bild des Netzes bleibt eigentümlich flach – Soll damit etwas gefangen werden (als Analogie zum gemeinsamen Interesse multidimensionalen Erkennens)? Welche Referenz hat die friedfertige Vorstellung des kooperativen, stets konstruktiven gemeinsamen Knüpfens am Netz – gerade wenn doch die Dimension der Macht in der Militär-Metapher der „Front" wieder auftaucht, an der sich dieses Wissen bewähren müsse?[328] Welche Theorien lassen sich vor welchem Hintergrund durch wen miteinander verknüpfen und vor allem: Was lässt sich nicht verknüpfen und unter welchen Kriterien soll verknüpft werden?

Allein die Konzepte von Kleve und Obrecht theoretisieren überhaupt Mittel zur Umsetzung von Transdisziplinarität. Beide Autoren betonen die Notwendigkeit von Theorienanalyse *vor* der Verknüpfung bzw. Integration von Wissen.[329] Im Entwurf Kleves bleibt dieses Mittel im Unterschied zur Konzeption Obrechts das Einzige. Streng genommen stellt es kein Mittel zur Verknüpfung dar, sondern lediglich eine Vorstufe. Im Gegensatz dazu entwickelt Obrecht Integrationsinstanzen, mittels derer Transdisziplinarität von einem Metastandpunkt aus verwirklicht werden soll. Die vorgeschlagenen Instrumente sind theoretisch ausgearbeitet und schlüssig, obschon hier nach den Umsetzungschancen eines solchen Entwurfs gefragt werden muss. Es existieren jedoch bereits Beispiele für den erfolgreichen Einsatz dieser Integrationsinstanzen.[330] An dieser Stelle muss also

---

[327] Kleve (1999, S. 55).
[328] Vergleiche Wendt (2006, S. 9).
[329] Vergleiche Kleve (2006, S. 19 ff.) sowie Obrecht (2001a, S. 108 f.).
[330] Zur Methodenevaluation siehe Obrecht und Gregusch (2003); Staub-Bernasconi (2002). Zur Generierung transdisziplinärer Erklärungen für rechtsextreme Orientierungen siehe Borrmann (2005). Für eine transdisziplinäre Theorie menschlicher Bedürfnisse siehe Obrecht (2002c) und für das psychobiologische Erkenntnis- und Handlungsmodell siehe Obrecht (1996); (2004); (2005a, S. 130-149). Zur Kritik an der Nachvollziehbarkeit und Transparenz der in die Bedürfnistheorie integrierten Teiltheorien sei auf Staub-Bernasconi (2003) verwiesen.

explizit herausgestellt werden, dass in der Konzeption Obrechts die hochgesteckten Ziele einer transdisziplinären Integrationswissenschaft durchaus mit der entsprechenden Entwicklung und Ausarbeitung von Mitteln zur Umsetzung von Transdisziplinarität einhergehen.

Des Weiteren lässt sich nach der begrifflichen Klarheit der Entwürfe fragen. Alle Konzepte nehmen zwar Definitionen der Schlüsselbegriffe vor, in den Konzepten Kleves und Wendts jedoch finden sich auch Mehrfachbestimmungen zentraler Begriffe: So koexistieren in Kleves Konzeption zwei nicht zu vereinbarende Wissenschaftsauffassungen, wobei häufiger das postmoderne als das ratioempirische Wissenschaftsverständnis eingenommen wird.[331] Im Falle der Konzeption Wendts findet sich eine Dreifachbestimmung von Transdisziplinarität, die jedoch nicht, was einem methodischen Einsatz entspräche, einer genaueren Bestimmung, z. B. mittels Synthese zugeführt wird. Vielmehr bleibt es bei einer Entfaltung des Begriffsspektrums ohne Diskussion der Unvereinbarkeiten oder Transferprobleme bei der Bezugnahme auf die philosophischen Konzepte von Transdisziplinarität.[332] Eine solche Begriffsverwendung trägt zu einer größeren Diffusität und Entgrenzung des ohnehin schon vage bestimmten Begriffs der Transdisziplinarität bei.

Im Modell Kleves fällt die Vermischung von Alltagsbegrifflichkeiten und Fachbegriffen auf – insbesondere der simplifizierende Zugriff auf die Luhmannsche Systemtheorie. Anhand eines Auszugs aus der Argumentation soll dies verdeutlicht werden:

Hierbei handelt es sich um die Bestimmung von Supervision. Wir erinnern uns – Soziale Arbeit wird als „transdisziplinäre Moderatorin, Supervisorin und Mediatorin innerhalb der unterschiedlichsten Theorielandschaften"[333] begriffen: Das Reflexionspotential der Supervision wird etwa den Besonderheiten des

---

[331] In widersprüchlicher Weise werden weiterhin, wie bereits erwähnt, der Gegenstand Sozialer Arbeit und der Begriff der Transdisziplinarität bestimmt. Letzterer wird einerseits als Transversalität, andererseits als Garant für Multidimensionalität gefasst. Vergleiche Kapitel 3.1.1.
[332] Wie in Kapitel 2.2 gezeigt werden konnte, bestehen begründete Zweifel gegen eine einfache Begriffsübernahme.
[333] Kleve (2006, S. 21).

Funktionssystems Wissenschaft zugerechnet. So stellt Kleve fest, Supervision könne „Zeit für etwas schaffen, das – systemtheoretisch-konstruktivistisch ausgedrückt – [...] als Beobachtung zweiter Ordnung bezeichnet wird und ein zentrales Merkmal von wissenschaftlichen Prozessen ist".[334] Diese und die folgenden Ausführungen Kleves suggerieren *erstens,* dass die Besonderheit von Wissenschaft in der Möglichkeit zur Beobachtung zweiter Ordnung läge, mithin dass Wissenschaft sich von anderen Sozialsystemen dadurch unterscheide, nicht erster, sondern zweiter Ordnung zu beobachten. *Zweitens* wird der Eindruck erweckt, dass diese Besonderheit von Wissenschaft den Praktikern die Möglichkeit eröffnet, „sich selbst [zu] beobachten hinsichtlich der Frage, wie sie beobachten".[335] Beides ist unzutreffend bzw. – gegenüber der Komplexität der Systemtheorie – derart vereinfachend, dass sich die Frage aufdrängt, wieso überhaupt auf systemtheoretische Begrifflichkeiten zurückgegriffen wird um den Nutzen von Selbstreflektion zu begründen. Doch zurück zum konkreten Bezug zur Systemtheorie: Beobachtet man mit Luhmann den Unterschied von Wissenschaft und innergesellschaftlicher Umwelt, mithin die spezifische System/Umwelt-Differenz des Wissenschaftssystems, so besteht diese Differenz aus systemtheoretischer Sicht *nicht* darin, dass in der Wissenschaft „eine Distanzierung vom eigenen Denken und Handeln möglich [wird], die in der Alltags- und der professionellen Praxis eher unüblich und aufgrund des Handelns unter Zeitdruck zumeist auch unmöglich ist."[336] Erst recht unterscheidet sich Wissenschaft nach Luhmann nicht dadurch von anderen Sozialsystemen, dass dort „beobachtet wird, wie beobachtet wird".[337] Vielmehr stellt die Möglichkeit zur Beobachtung zweiter Ordnung gerade *kein* Spezifikum des Funktionssystems Wissenschaft dar. So stellt Luhmann fest: „Wohl alle Funktionssysteme beobachten ihre eigenen Operationen auf der Ebene der Beobachtung zweiter Ordnung."[338] Weiterhin unterschlägt Kleve in seiner systemtheoretischen Reformulierung der Supervisionssi-

---

[334] A.a.O, S. 17.
[335] A.a.O. S. 18.
[336] Kleve (2006, S. 17).
[337] Ebd.
[338] Luhmann (1997, S. 766).

tuation die für die Systemtheorie grundlegende Differenzierung von Systemarten: Von der Ebene des Funktionssystems Wissenschaft lässt sich nicht auf die Operationen von Bewusstseinssystemen (Studierende) kurzschließen, die an einem Interaktionssystem (Supervision) teilnehmen.[339]

Auch muss an dieser Stelle auf zahlreiche Widersprüchlichkeiten in der Argumentation hingewiesen werden,[340] die jedoch, bedient man sich der Argumente des Autors, auf der postmodernen Metaebene als Ausweis einer ambivalenzbejahenden Argumentation gelesen werden können.[341] Irritierend wirkt denn auch das vielfältige Nebeneinander unterschiedlichster Theorieelemente: Besonders auffällig ist die häufige Herauslösung der von Kleve genutzten Theorieteile aus ihren Ursprungskonzepten, um sie dann in den eigenen, relativ losen Theoriezusammenhang zu stellen. Beispielhaft lässt sich dieser Prozess nachvollziehen am Vorschlag Kleves, einige Systematisierungsebenen Luhmanns (Interaktion, Organisation und Gesellschaft) als Dimensionen der Theorienanalyse zu nutzen. Gleichzeitig wird die populäre Trias der biologischen, psychischen und sozialen „Dimensionen" zur Analyse genutzt, die weder eindeutig auf einen Theoriekontext, nahe liegend etwa den der Luhmannschen Systemtheorie bezogen noch als analytische Unterscheidung eingeführt wird. Den benannten Dimensionen werden außerdem entsprechende Bedürfnisse zugeordnet, ohne dass ersichtlich würde, vor welchem erkenntnistheoretischen Hintergrund und auf welcher theoretischen Basis dies geschieht.[342]

---

[339] Vergleiche etwa Luhmann (1991, S. 346 ff.).
[340] Neben den in Kapitel 3.1.1 herausgestellten Mehrfachbestimmungen sei darauf hingewiesen, dass Kleve (2006) zu Beginn seines Artikels eine Untersuchung Effingers (2005) zur Theorienrelevanz bei praktizierenden Sozialarbeitern aufgreift. Diese konstatiert, dass Theorien, die Studierende während ihrer Ausbildung rezipiert haben, in ihrem Handeln in der Praxis kaum eine Rolle spielen. Im Fortgang des Artikels jedoch postuliert Kleve genau das Gegenteil eben jener Ergebnisse dieser Untersuchung, indem er den Theorien- und Methodenpluralismus der Praxis (der nach Effingers Studie kaum existiert) als funktional und positiv bewertet.
[341] Vergleiche Kleve (1999, S. 85).
[342] Eine Bezugnahme auf luhmannsche Systemtheorien scheint wenig wahrscheinlich. Siehe dazu die explizite Kritik Luhmanns (1991:158 f.) an Bedürfnissen als naturalistischem Ausgangspunkt der Theoriebildung.

Die begriffliche Klarheit ist in den Konzepten Engelkes, Göppners und Obrechts deutlich größer. Im Konzept Obrechts wird dies durch eine relativ hohe Rezeptionsschwelle erkauft. Positiv gewendet muss jedoch eingeräumt werden, dass damit ein hohes Ausmaß an begrifflicher Präzision realisiert wird. Ermöglicht wird dies nicht zuletzt durch die enge Anlehnung an die wissenschaftsphilosophischen Arbeiten Mario Bunges und im Besonderen an dessen Ontologie.

Im Folgenden möchte ich der Frage nachgehen, ob in den vorgestellten Modellen die Möglichkeit zur Falsifikation gegeben ist, ob also begründet bei der Verknüpfung bzw. Integration zwischen wahren und falschen Theorien unterschieden werden kann.

Die Modelle von Obrecht und Göppner sehen die Möglichkeit von Falsifikation, aufgrund eines empirisch-theoretischen Wissenschaftsverständnisses, vor.[343] Im Fall der Konzeption Engelkes ist zu klären, wie im Fall von sich widersprechenden Theorien entschieden werden soll, ob es sich um unzutreffende oder um lediglich differente Aussagen handelt, die auf andersartige soziale und kulturelle Erfahrungen zurückgehen.

Geht man vom postmodernen Wissenschaftsverständnis Wendts[344] aus, so existiert in seiner Konzeption keine Möglichkeit der Falsifikation, sondern nur die der Brauchbarkeit. Analoges gilt für das dominierende postmoderne Wissenschaftsverständnis Kleves. Mit dem Wegfall der Falsifikationsmöglichkeit müsste auch die kritische Haltung gegenüber Theorien obsolet werden. Die Möglichkeit der Falsifikation wird im Konzept Kleves ersetzt durch radikale Öffnung des Möglichkeitshorizonts der Theorienverknüpfung. Aus dieser Offenheit erwächst jedoch insoweit das Potenzial für Kritik, als dass jegliche Beobachtung und Beschreibung ihre Privilegierung verliert und als gleichberechtigte Alternative zu anderen Beschreibungen begriffen wird.

---

[343] Siehe die Vorstellung im Kapitel 3.1.3.
[344] Vergleiche Kapitel 3.1.1.

Exkurs 2: Verortung der Disziplin Sozialer Arbeit

In diesem Exkurs möchte ich der Frage nachgehen, wie die Konzeptionen Sozialarbeitswissenschaft in die bestehende Wissenschaftsordnung einordnen. Hinweise auf diese Frage ergeben sich aus den favorisierten Wissenschaftstypen, in deren Kontext die Transdisziplinaritätskonzepte stehen: Obrecht und Engelke lehnen sich in ihren Wissenschaftsmodellen eher an bestehende Disziplinen an bzw. gehen von der Selbstverständlichkeit der Sozialarbeitswissenschaft als einer unter anderen Disziplinen aus, wohingegen Kleve, Wendt und Göppner einen Wissenschaftstypus neuer Art favorisieren. Engelke und Obrecht konzipieren Soziale Arbeit als Handlungswissenschaft unter anderen etablierten Wissenschaften (Engelke als Menschen- und Sozialwissenschaft nach Norbert Elias, Obrecht als technologische Wissenschaft nach Mario Bunge). Kleve und Wendt votieren dagegen für einen neuen Wissenschaftstypus, den der Postmoderne (Kleve in Form der postmodernen Koordinationswissenschaft, Wendt im Sinne einer transdisziplinären Handlungswissenschaft). Diesem Votum geht jedoch weniger eine Problemdefinition voraus, sondern im Fall der Konzeption Kleves stärker der Verweis auf die Notwendigkeit und Sinnhaftigkeit eines „postmodernen Gemüts- und Geisteszustand[s]",[345] mit dem der identitätslose Charakter Sozialer Arbeit sichtbar werde.[346] Das Konzept Göppners bildet dabei eine Ausnahme: Obwohl Göppner wie Obrecht und Engelke eher an einem traditionellen Wissenschaftsverständnis festhält, tritt er für eine „Wissenschaft neuen Typs",[347] die transdisziplinäre Praxiswissenschaft, ein.

---

[345] Kleve (2003b, S. 119).
[346] Vergleiche Kleve (1996, S. 245 f.).
[347] Göppner (2006, S. 11).

3.2.3.4 Selektion, Modifikation, Integration

Unabhängig davon, ob Transdisziplinarität als Integration oder Verknüpfung heterogener Theorien gedacht wird, lassen sich drei idealtypische Operationen im Prozess der Relationierung unterscheiden: Die *Selektion*, *Modifikation* und *Verknüpfung* bzw. *Integration* von Theorien. Da es sich hierbei um analytische Unterscheidungen handelt, ist nicht automatisch die Konzeption vorzuziehen, die alle drei Operationen theoretisiert. Auf der anderen Seite ist durchaus die Frage berechtigt, aus welchem Grund auf die Ausarbeitung einer oder mehrerer Operationen verzichtet wird, denn die drei Operationen bilden gewissermaßen den Möglichkeitshorizont einer jeden Relationierung: Nicht jede Theorie muss verknüpft oder integriert werden - dies käme einer positiven Verabsolutierung von Integration bzw. Verknüpfung gleich. In gleichem Maße muss nicht jede Theorie ohne Modifikation integriert oder verknüpft werden. Zu denken ist hierbei etwa an Spezifikationen oder begriffliche Veränderungen.

Die folgende Tabelle bietet einen Überblick über die Ausarbeitung der drei potenziell möglichen Operationen der Selektion, Modifikation und Verknüpfung:

Konzeption/ Operation	transdisziplinäre Praxiswissenschaft (Kleve)	Handlungswissenschaft (Wendt)	Handlungswissenschaft Integrationswissenschaft Erfahrungswissenschaft (Engelke)	transdisziplinäre Praxiswissenschaft (Göppner/ Hämäläinen)	integrative Handlungswissenschaft (Obrecht)
Selektion	-	+	+	+	+
Modifikation	-	-	-	-	+
Verknüpfung/ Integration	(+)	(+)	(+)	(+)	+

Abbildung 2: Ausarbeitung der Operationen Selektion, Modifikation, Verknüpfung/ Integration

„+" = wird thematisiert und verfügt über ausgearbeitete Mittel zur Umsetzung; „(+)" = wird thematisiert, aber Mittel zur Verknüpfung/Integration fehlen, „-" = keine Ausarbeitung

Einzig das Transdisziplinaritätsmodell der integrativen Handlungswissenschaft sieht alle drei Operationen vor und entwickelt konkrete Vorschläge zu deren Umsetzung. Das Modell der postmodernen Koordinationswissenschaft macht als einziges keine Ausführungen zur Selektion von Wissensitems. Die Modifikation wird mit Ausnahme des Konzepts der integrativen Handlungswissenschaft von keinem der Modelle berücksichtigt. Die Verknüpfung bzw. Integration von Wissensitems schließlich wird zwar in allen Konzepten thematisiert, jedoch werden einzig im Entwurf Obrechts die entsprechenden Mittel ausgearbeitet.

Betrachtet man die Aussagen der Modelle zur *Selektionsoperation*, so zeigt sich, dass bis auf die Konzeption Kleves alle anderen vier Konzeptionen Kriterien formulieren, denen eine Theorie genügen muss, um verknüpft bzw. integriert zu werden. Gemeinsam ist den unterschiedlichen Modellen dabei der Anspruch, dass die entsprechenden Theorien mindestens thematische Relevanz für den Gegenstand und/oder die Funktion von Sozialer Arbeit haben sollten.[348] Göppner betont außerdem die Bedeutung der Handlungsprobleme der Praktiker für die zu integrierenden Theorien.[349] Ergänzend zu diesen thematischen Selektionskriterien führt Obrecht wissenschaftstheoretische und Engelke ethische sowie strategische Selektionsgründe an. So wendet sich Engelke vehement gegen den Rekurs auf postmoderne und radikalkonstruktivistische Theorien, die mit einem empirisch-theoretischen Wissenschaftsverständnis unvereinbar seien: Die Annahme, Realitäten seien konstruierte Gebilde, die man durch eine andersgeartete Beobachtung jederzeit anders erschaffen könne, führe die Idee und den Anspruch der Menschenwürde ad absurdum und werde weder dem tatsächlichen Leid der Klienten noch den nationalen und internationalen Berufskodizes Sozialer Arbeit gerecht.[350] Außerdem sei Soziale Arbeit, wenn sie ihre Existenz nachhaltig sicherstellen wolle, darauf angewiesen, sich als empirisch-theoretische Wissenschaft zu konstituieren, da Wissenschaften dieses Typs erfahrungsgemäß sowohl

---

[348] Vergleiche Engelke (2003, S. 62); Göppner/ Hämäläinen (2003, S. 42 f.); Obrecht (2001a, S. 58 ff.) sowie Wendt (2006, S. 6).
[349] Vergleiche Göppner (2004, S. 9).
[350] Vergleiche Engelke (2003, S. 375 ff.).

erfolgreich Erkenntnisse produzierten als auch einen hohen gesellschaftlichen Stellenwert besäßen.[351]

Aufgrund der metatheoretischen Annahmen des Systemischen Paradigmas[352] wirkt die Selektion in der Konzeption Obrechts in Richtung des Ausschlusses bzw. der umfassenderen Prüfung von nicht-, pseudo- und antiwissenschaftlichem Wissen. Im Falle des Modells der transdisziplinären Praxiswissenschaft ist nicht eindeutig zu bestimmen, ob neben der positiven thematischen Selektion nach Maßgabe der Handlungsprobleme der Praktiker weitere Ausschlusskriterien existieren: Sozialarbeitswissenschaft wird als ein „wirklich offenes System, [das] alle relevanten Ressourcen, von welchen Disziplinen sie auch stammen, einbeziehen kann"[353] begriffen. Zugleich findet sich die explizite Distanzierung von willkürlicher Theorienselektion und Eklektizismus. Göppners Wissenschaftsverständnis impliziert jedoch potenziell die Möglichkeit des Ausschlusses von Objekttheorien, die keine empirische Überprüfbarkeit zulassen.

Während die Selektionsoperation in vier von fünf Konzepten berücksichtigt wird, theoretisiert allein das Konzept von Obrecht den Schritt der *Modifikation*. Anders gesagt: Ausschließlich das Modell von Obrecht sieht vor, dass das hinzugezogene Wissen aktiv verändert werden kann, bevor es integriert wird. Obrecht unterscheidet zwei Fälle, in denen eine Modifikation erfolgen kann: Zum einen können Bottom-Up- und Top-Down-Theorien in sogenannte systemische Theorien integriert werden und zum anderen erlaubt die Methode der Methodenkodifikation die Prüfung, Ergänzung und Systematisierung von neuartigen Methoden. Zum ersten Fall: Unter Bottom-up-Theorien werden solche Theorien verstanden, die auf individualistischen Konzeptionen basieren. Top-down-Theorien sind solche, die auf holistischen Konzeptionen basieren, in denen mit anderen Worten Ganzheiten ohne vermittelte Subeinheiten wirken. Der emergentistische Systemismus des SPSA ermögliche die Produktion eben jener

---

[351] Siehe a.a.O., S. 477.
[352] Insbesondere die Ontologie des emergentistischen Systemismus und der ratioempirische Wissenschaftsbegriff.
[353] Göppner (2004, S. 10).

systemischen Theorien als dritten Weg der Theoriebildung, etwa durch gezielte Integration und damit auch Anpassung an die entsprechende systemische Teiltheorie. Diese modifizierende Integration ermögliche die Überwindung des Mikro-Makro-Problems durch die Einführung von mechanismischen, also mehrniveaunalen Erklärungen.[354] Im Fall der Methode der Methodenkodifikation erfolgt die Veränderung von Methodenwissen beispielsweise durch die Möglichkeit, aus bestehenden Programmatiken Werte und Erklärungen voneinander zu trennen und zu systematisieren. In diesem Fall etwa wird sichtbar, für die Bearbeitung welcher Probleme sich bestimmte Methoden *nicht* eignen. Ein Gewinn besteht also in der Möglichkeit der begründeten Relativierung von Methodenmoden.

3.3 Kontrastierung – Transdisziplinarität zwischen Verknüpfung und Integration, Gegenwartsdiagnose und Zukunftsszenario, Entlastung und Zu-Mutung

Der Vergleich der fünf exemplarischen Konzepte hat umfassendes Relationswissen erzeugt. Es ist deutlich geworden, dass sich hinter der Forderung nach Transdisziplinarität, sei sie vordringlich (etwa im Konzept Wendts, Kleves und Obrechts) oder eher von nachgeordneter Bedeutung (etwa im Konzept Engelkes), sehr heterogene Konzepte verbergen, die sich hinsichtlich des Wissenschaftsverständnisses und des favorisierten Wissenschaftstyps unterscheiden. Sie arbeiten Mittel und Operationen zur Verwirklichung von Transdisziplinarität in unterschiedlichem Maße aus und weisen einen unterschiedlichen Grad an begrifflicher Präzision und logischer Widerspruchsfreiheit auf.

Im Anschluss an den Vergleich der hier rekonstruierten Transdisziplinaritätsverständnisse möchte ich nun zwei Konzepte, die eine vergleichsweise hohe innere Komplexität aufweisen, vertieft diskutieren. Dabei handelt es sich

---

[354] Vergleiche hierzu Obrecht (2001a, S. 44 f.).

zum einen um den Entwurf der postmodernen Koordinationswissenschaft (Kleve) sowie den der transdisziplinären Integrationswissenschaft (Obrecht). Im Fall des Modells von Obrecht entsteht diese Komplexität durch den hohen Theoretisierungsgrad und die umfassenden Ausarbeitung von relevanten metawissenschaftlichen Fragestellungen für die Soziale Arbeit. Das Konzept der postmodernen Koordinationswissenschaft weist durch die, wenn auch problematische Bezugnahme auf die Systemtheorie Luhmanns sowie postmoderne Positionierungen ebenfalls eine relativ hohe Komplexität auf.[355]

Der vertiefte Vergleich bemüht sich dabei vor dem Hintergrund der Rekonstruktion und der vorangegangenen Relationierung um eine Einschätzung der *Chancen* und *Grenzen* der Konzepte. Die Frage, „Was ist neu, und was tritt nur in einem terminologischen Gewande auf?"[356] stellt angesichts einer gewissen Skepsis gegenüber wechselnden Begriffsmoden auch Mittelstraß. Inwiefern wird Transdisziplinarität in diesen Konzepten zu einem Hoffnungsträger Sozialer Arbeit und welche Chancen und Perspektiven sind mit ihr verknüpft?

In der Auseinandersetzung mit den Grenzen der Konzepte werden formaltheoretische Vorbehalte wie auch praktische Umsetzungsschwierigkeiten berücksichtigt.

Beide Konzepte, das muss an dieser Stelle festgehalten werden, sind folgenreiche Konzepte. Folgenreich heißt, dass ihre Umsetzung einer geht mit signifikanten Veränderungen im Feld Sozialer Arbeit. Es handelt sich mithin um alles andere als fachwissenschaftliche „Sonntagsreden". Ebenjenen Folgenreichtum zu diskutieren, ist Anliegen dieses Kapitels. Die Rekonstruktion hat zusammen mit der Relationierung der fünf Konzepte bereits angedeutet, dass die Entwürfe von Kleve und Obrecht diametral unterschiedliche Auffassungen von Transdisziplinarität entwickeln.

---

[355] Zugleich bietet sich der Vergleich beider Konzepte neben diesen eher inhaltlichen Erwägungen auch wegen dem ähnlichen Publikationsumfang an, in dem beide Vorschläge entwickelt wurden.
[356] Mittelstraß (2001, S. 89).

Die folgende Grafik illustriert die zentralen Unterschiede beider Konzeptionen:

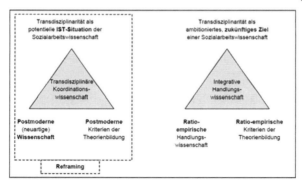

Abbildung 3: Zentrale Differenzen der Modelle Kleves (links) und Obrechts (rechts)

Im Rahmen einer postmodernen Koordinationswissenschaft wird Transdisziplinarität als *Verknüpfung* von Theorien, im Fall der integrierten Handlungswissenschaft als *Integration* in ein umfassendere Bezugssystem gedacht. Deutlich geworden ist außerdem, dass das Modell der integrierten Handlungswissenschaft Transdisziplinarität deutlich stärker als *theoretisch ambitioniertes Projekt* begreift, wohingegen sich das Konzept Kleves stärker auf die *Praxis des Verknüpfens* von Theorien bezieht. Legitimiert wird diese Praxis durch Verweis auf systemtheoretisch inspirierte und postmoderne Begründungsfiguren.

Chancen

In der Kontrastierung der beiden Konzepte zeigt sich, dass Transdisziplinarität im Fall der *postmodernen Koordinationswissenschaft* gedacht wird als Beschreibung des gegenwärtigen Zustandes Sozialer Arbeit. Was dem Feld Sozialer Arbeit aus Sicht dieser Konzeption noch fehlt, ist eine entsprechende postmoderne Haltung. Nimmt man jedoch ebenjene Haltung ein, so eröffnet sich die Möglichkeit, die Identitätslosigkeit Sozialer Arbeit zu akzeptieren. Die fruchtlose Suche nach Einheitsbestimmungen Sozialer Arbeit kann aufgegeben werden. Gelingt dieser Perspektivwechsel, so stehen erhebliche Chancen für die Anerkennung und (postmoderner) Verwissenschaftlichung Sozialer Arbeit in Aussicht. In dieser Vorreiterrolle befreit sich Soziale Arbeit von modernen Ansprüchen an Wahrheit, Eindeutigkeit und Ambivalenzfeindlichkeit und widmet sich in exemplarischer disziplinärer Offenheit der Verknüpfung unterschiedlichster bezugsdisziplinärer Theorien. Dabei kann sie bei der Gestaltung der Beziehungen zu ihren Nachbardisziplinen bewusst auf das Reservoir derselben Methoden wie im praktischen Umgang mit ihrer Klientel, namentlich Supervision, Mediation und Moderation, zurückgreifen.

Diese Perspektivänderung wirkt sich auch auf die Standards wissenschaftlichen Arbeitens aus. Mit der Verabschiedung von nicht einlösbaren modernen Ansprüchen an Wissenschaftlichkeit geht eine umfassende Neubewertung der Vielfalt und Widersprüchlichkeit von Theorien und Methoden Sozialer Arbeit einher. Vor dem Hintergrund einer postmodernen Gesinnung werden diese Charakteristiken erkennbar als empirische und funktionale Realität in Wissenschaft, Lehre und Praxis Sozialer Arbeit. Transdisziplinäres Verknüpfen unterliegt nicht mehr den formal-theoretischen Ansprüchen moderner Theorienbildung. Widersprüchliche Aussagen lassen sich nun begreifen als angemessene Antworten auf eine von Ambivalenzen geprägte Wirklichkeit. Durch die veränderten Ansprüche an postmoderne Theoriegenese und -verknüpfung vervielfältigen sich die Möglichkeiten, Theorien zu verknüpfen. Diese Vielfalt der Theorien dient dabei sowohl der Forschung, als auch der Lehre und Praxis als Inspirationsquelle für theoretische und praktische Verknüpfungen, wobei sich Praxis speziell als Experimentierfeld für eigensinnige Verknüpfungsleistungen anbietet.

Die Chance dieser Konzeption liegt in diesem Sinne im Angebot einer umfassenden *Entlastung* von momentan dominierenden modernen Ansprüchen. Folgt man der rekonstruierten Argumentationslinie, so wird der Problemgehalt, den andere Autoren in Praxis, Disziplin und Ausbildung sehen, zum Beobachtungsartefakt von Akteuren mit fehlender postmoderner Gesinnung bzw. Gemütshaltung. Positiv gewendet geht mit der Übernahme eben jener Haltung eine erhebliche *Befreiung* einher, insbesondere was die Möglichkeiten von transdisziplinären Verknüpfungen angeht. Kreativität wird freigesetzt und kann sich im Dienste der Erwartungen von Gesellschaft und Klienten entfalten.

Das Konzept der *transdisziplinären Koordinationswissenschaft* bietet als Innovationsmoment nicht an, Soziale Arbeit als genuin neuen Wissenschaftstyp zu konstituieren. Vielmehr wird Sozialer Arbeit die Möglichkeit eröffnet, sich gewissermaßen als selbstaufgeklärte Handlungswissenschaft zu präsentieren, die um ihre typischen Struktur und damit Strukturherausforderungen weiß und eigene Mittel theoretisiert um eben jenen Herausforderungen zu begegnen. Soziale Arbeit fungiert in diesem Sinne „als Modell für eine Rekonstruktion oder Formierung anderer Handlungswissenschaften".[357] Die disziplinäre Matrix von Handlungswissenschaften, die sich im SPSA findet, stellt dabei eine explizierte Bezugsfolie dar, wie sich Soziale Arbeit als Handlungswissenschaft einerseits an Objektwissenschaften anschließen und andererseits ihre Eigenständigkeit als Handlungswissenschaft neben anderen begründen kann. Soziale Arbeit als transdisziplinäres Projekt zu verstehen, heißt vor dem Hintergrund dieses Konzepts, sich der theoretisierten Mittel zu bedienen, die das SPSA bereitstellt und diese gegebenenfalls zu korrigieren und weiterzuentwickeln. Transdisziplinarität verwirklicht sich hier weniger wie im Fall Kleves auf einer postmodern begründeten Sozialebene, sondern eher von der Sachebene ausgehend.[358] Vor dem Hintergrund des explizierten Bezugrahmens, des ratioempirischen Wissenschaftsverständnisses und des großen objektwissenschaftlichen Einzugsbereiches[359] wird die Herstellung transdisziplinärer Theorien zu einem zeitaufwendigen, kontinuierlichen und wesentlich von einer wissenschaftsphilosophisch informierten *scientific community* getragenen Herausforderung. Mit dem ratioempirischen Wissenschaftsverständnis einer gehen für den sozialarbeitswissenschaftlichen Diskurs *unüblich hohe Ansprüche an Systematisierung, Begriffsklarheit und Wi-*

---

[357] Obrecht (2001a, S. 21).
[358] Die Unterscheidung von Sach- und Sozialebene wird hier rein analytisch verwandt und rekurriert nicht auf die Sinndimensionen Luhmanns.
[359] Relevant wird diese Vielzahl an Bezugswissenschaften aufgrund des Anspruchs, Zusammenhänge mechanismisch zu erklären und systemische Theorien zu bilden, die auf die Mikro-Makro-Problematik des Erklärens antworten.

derspruchsfreiheit von Theorien.[360] Vergegenwärtigt man sich den zeitlichen Aufwand einer Theorienprüfung, -modifikation und -integration, den erforderlichen Grad wissenschaftstheoretischer Reflexion und die nötige Kenntnis des SPSA mit seinen integrativen Komponenten, wird der hohe Anspruch an das Projekt einer transdisziplinären Sozialen Arbeit deutlich: Transdisziplinarität als Integration von Theorien von einem Metastandpunkt wird bewusst als *Zu-Mutung* an Soziale Arbeit formuliert.[361] Nimmt man diese Herausforderung an, so eröffnet sich die Möglichkeit signifikanter Fortschritte für die Entwicklung einer eigenständigen disziplinären Perspektive einerseits und eines relativ kohärenten, geteilten Wissenskorpus andererseits. Auf diesen Wissenskorpus wiederum kann Praxis zurückgreifen und mit einer Kombination aus Ableitung und kreativem Akt neue Handlungsschritte zur Lösung komplexer sozialer Probleme entwickeln.[362] Als Disziplin realisiert sie ihre Eigenständigkeit über die Möglichkeiten zur Modifikation und Selektion und Integration von Wissensitems und Theorien. Im Idealfall reduziert sich dadurch die Fülle und Widersprüchlichkeit des bestehenden Wissenskorpus. Den unterschiedlichen Eigenlogiken von Wissenschaft und Praxis entsprechend steht speziell die *scientific community* Sozialer Arbeit vor der Herausforderung der Bildung transdisziplinärer Theorien.

Grenzen

Beiden Konzepten von Transdisziplinarität sind durch je eigene Grenzen und Herausforderungen charakterisiert.

Die Diskussion der Grenzen des Konzepts Kleves wird durch die herausgearbeiteten Mehrfachbestimmungen im Bereich des Wissenschaftsverständnisses, der erkenntnistheoretischen Grundlagen wie auch bezogen auf die Gegenstands-

---

[360] In seinen Arbeiten vermag Obrecht diese einzulösen, dies geht jedoch einher mit einer relativ hohen Rezeptionsschwelle seiner Arbeiten.
[361] Siehe Obrecht (2001a, S. 14).
[362] Unter Nutzung der ANHT.

bestimmung Sozialer Arbeit herausgefordert: Immer ist der (postmoderne) Rückzug auf die jeweils andere, weniger radikalkonstruktivistische Bestimmung möglich – dies jedoch nur, wenn man die postmodernen Ansprüche Kleves teilt und derartige Mehrfachbestimmungen und Widersprüche begrüsst. Diese Untersuchung entscheidet sich dagegen. Ihr Anliegen ist es, auf nachvollziehbarem Wege eine möglichst klare Antwort auf ihre Leitfrage zu geben.

In der Diskussion der Grenzen des Transdisziplinaritätskonzepts von Kleve möchte ich mich deshalb auf drei Kritikpunkte konzentrieren: die Problematik des *Reframings*, die *Schwerpunktsetzung des Modells auf Verknüpfung als sozialem Prozess* zwischen Fach- und Bezugswissenschaften sowie die *Methode der Theorienanalyse*.

Das entlastende *Reframing Sozialer Arbeit* fordert, dass „das, was klassischerweise als Makel, als zu behebendes Defizit der Sozialen Arbeit betrachtet wird, eben [als] [...] Vielfältigkeit und Diffusität als funktionale Normalität bewertet werden sollte".[363] Hier werden also zwei Forderungen gestellt. Zum Ersten sollen Vielfalt und Diffusität statt als Defizite als *Normalität* bewertet und zum Zweiten soll diese Normalität als *funktional* bewertet werden. Deutlich wird hier, dass es sich *nicht* um eine einfache Umdeutung von Vielfalt und Diffusität handelt, denn dies würde implizieren, dass man in ihnen *Chancen* statt Defizite sieht, nicht jedoch eine Normalität, die darüber hinaus auch noch per se funktional ist.

Das *Beispiel der Vielfalt* kann uns die Problematik dieser Setzung näher vor Augen führen: Der Terminus der Vielfalt ist wie der der Diffusität nicht bezogen auf etwas Bestimmtes, sondern wird als Prinzip oder Wert begriffen, von dem alle Bereiche Sozialer Arbeit, also Disziplin, Lehre und Praxis, geprägt sind. Doch ist diese allgemeine Behauptung empirisch gedeckt? Während sich im Feld der Disziplin und Ausbildung sicher eine Vielfalt diskutierter und gelehrter Theorien und Methoden ausmachen lässt, zeigen doch gerade empirische Studien über

---

[363] Kleve (2003b, S. 124). Auf was sich diese Begriffe beziehen bleibt unklar. Der Kontext legt nahe, dass es sich bei „Vielfältigkeit" und „Diffusität" um abstrakte Prinzipien handelt, die gleichermaßen Lehre, Disziplin und Praxis bestimmen.

Theorien- und Methodengebrauch in der Praxis ein anderes Bild. Wie Ackermann in Anlehnung an die Untersuchung von Thole und Küster-Schapfel[364] herausstellt, hat das Studium Sozialer Arbeit in der Wahrnehmung der Studierenden zwar zum Ziel, möglichst viele Arbeitsfelder und Themenbereiche kennen zu lernen, den vermittelten Inhalten wird jedoch insgesamt eine geringe Relevanz zugestanden. Praxis wird über weite Strecken durch alltagspraktisches Handeln geprägt – auf Fachliteratur wird nur in Ausnahmesituationen zurückgegriffen, in denen diese Handlungsform an Grenzen stößt bzw. wenn vielversprechende Theorie- und Methodenmoden auszumachen sind.[365] Häufig wird eben jene starke Prägung von Praxis durch Alltagswissen kritisiert, so etwa durch Mühlum.[366] Um sinnvoll von Vielfalt sprechen zu können, müssten sich signifikante Unterschiede in den de facto in der Praxis genutzten Deutungs- Erklärungs- und Handlungsschemata ausmachen lassen. Obschon hier bereichsübergreifende Untersuchungen fehlen, so lassen sich doch angesichts der Studie von Küster-Schapfel Zweifel formulieren, ob der Behauptung, auch Praxis sei per se durch Vielfalt gekennzeichnet, zuzustimmen ist. Empirische Untersuchungen lassen doch eher Zweifel an der tatsächlichen Präsenz spezifischer, professioneller Wissensbestände aufkommen. Die zweite Forderung des Reframings besteht darin, eben jene hier für das Feld der Praxis infrage gestellte Normalität von Vielfalt, als funktional zu begreifen. Hierbei stellen sich zwei Probleme: Zum einen fällt es schwer, Prinzipien oder Werte als funktional zu betrachten, denn sie sind schlichtweg *zu abstrakt*, als dass sie pauschal als funktional bewertet werden können. Erst Programme, die aus Prinzipien abgeleitet werden, sind hinreichend konkret, um überhaupt als funktional oder dysfunktional in ihren Wirkungen betrachtet zu werden.[367] Zum anderen abstrahiert diese optimistische Setzung von den multiplen Problemen, in die sozialarbeitswissenschaftliches Forschen, Lehren und Handeln eingebunden sind. Hier existiert immer mehr als ein Hand-

---

[364] Vergleiche Thole/ Küster-Schapfel (1996).
[365] Vergleiche Ackermann (2006).
[366] Vergleiche Mühlum (1994, S. 46).

[367] Siehe dazu auch Luhmann (1991:433 ff.).

lungserfordernis, auf das hin etwas überhaupt funktional sein kann – entsprechend hochwahrscheinlich ist es, dass sich ein und derselbe Sachverhalt sowohl als funktional für ein Bezugsproblem wie dysfunktional für andere herausstellt. Schon Luhmann weist deshalb auf die Notwendigkeit hin, bei funktionalen Analysen eben jene Bezugsproblematik(en) hinreichend zu spezifizieren.[368] Die Forderung, ohne empirische Deckung und undifferenziert davon auszugehen, dass Vielfalt und Diffusität eine funktionale Normalität Sozialer Arbeit darstellen, erscheint vor diesem Hintergrund als unbegründete Verabsolutierung von Werten.

Folgt man diesem Reframing trotz dieser Vorbehalte, so wird deutlich, dass die Einnahme einer solchen postmodernen Gemütshaltung mit einem hohen Preis an Kritik- und Differenzierungsvermögen einhergeht: Eklektizismus wird dabei aufgewertet als kreatives Prinzip; in der transdisziplinären, d. h. verknüpfenden Theoriebildung wird die Beibehaltung widersprüchlicher Theorien explizit begrüßt. Vor dem Hintergrund dieser Setzung ist es nicht mehr möglich, Theoriekritik im modernen Sinne zu üben. Dies würde nicht zuletzt auch für Arbeiten wie diese gelten, die zum Beispiel die Art, in der vermeintlich an Luhmannsche Systemtheorie angeschlossen wird, kritisiert. Hier darf bezweifelt werden, ob eine dergestalt „kreative" postmoderne Soziale Arbeit in Wissenschaft und Gesellschaft tatsächlich als Disziplin an Ansehen gewinnt.

Doch selbst wenn die Möglichkeit der Kritik widersprüchlicher Aussage und gegensätzlicher Mehrfachbestimmungen aufgegeben wird, stellt sich angesichts des Transdisziplinaritätsverständnisses Kleves die Frage: Wann und wie soll entschieden werden, von welcher Gegenstandsbestimmung Sozialer Arbeit, welcher Erkenntnistheorie und welchem Wissenschaftsverständnis bei Anlässen der Verknüpfung von Wissen ausgegangen werden soll? Zu diesen Fragen sollte auch eine postmoderne Theorie Auskunft geben können.

Der hohe Preis im Fall der Akzeptanz des umfassenden Reframings liegt des Weiteren darin begründet, dass die Möglichkeit entfällt, konkurrierende widersprüchliche Theorien als solche zu begreifen, denn aus Sicht dieser Perspektive

---

[368] Vergleiche Luhmann (2009).

wird davon ausgegangen, dass die Ambivalenz von Theorien die Ambivalenz der Wirklichkeit repräsentiere. Somit aus der Konkurrenz von Theorien *qua Setzung* ihre Komplementarität. Doch warum sollten ausgerechnet die in Theorie A und B angelegten Ambivalenzen angemessen die Ambivalenzen einer empirischen Situation C widerspiegeln, besonders wenn der Anspruch aufgegeben wird, eben jene Situation C möglichst angemessen zu begreifen?

Das Transdisziplinaritätsmodell Kleves setzt im Gegensatz zu dem Konzept Obrechts einen spezifischen thematischen Schwerpunkt: Besonders die Schritte der Reflexion und Ideenfindung werden betont. Mit dieser Schwerpunktsetzung werden Forschung, Lehre und Praxis aufeinander bezogen, denn dass diese Felder zum Beispiel auf Kreativität angewiesen sind, ist schlichtweg evident. Diese Schwerpunktsetzung führt jedoch zum einen dazu, dass, um im Beispiel zu bleiben, Werte wie Kreativität verabsolutierend positiv besetzt werden. Man muss nicht auf Arbeiten wie die Sokals zum eleganten Unsinn erinnern, um diese Setzung infrage zu stellen. Zum anderen hat sie die Konsequenz, dass Handlungsschritte der Theorien- oder Wissensverknüpfung, die zeitlich der Phase der Ideenfindung *nachgeordnet* und der Reflexion vorgeordnet sind, in diesem Modell von Transdisziplinarität fehlen. Ersetzt werden sie durch die Bestimmung, dass Soziale Arbeit hier die Methoden, die sie in Interaktion mit ihren Klienten einsetzt, auf ihre Bezugsdisziplinen oder Nachbarwissenschaften überträgt. Dieser Verweis mag zwar klären, wie auf der Sozialebene mit unterschiedlichen disziplinären Interessen und Wissensbeständen umgegangen werden soll, jedoch ersetzt sie nicht die Antwort auf die Frage, wie Verknüpfung auf der Sachebene geschehen kann. Greift man die Idee von Sozialer Arbeit als Mediatorin, Supervisorin und Moderatorin trotzdem auf, so ist zu *erstens* zu fragen, wie mit theoretischen Widersprüchen, Inkommensurabilitäten oder mit unterschiedlichen Ansprüchen an Theoriebildung sozial umgegangen werden soll. Lösen lassen sie sich sozial nicht, sie können höchstens analytisch gesprochen auf die Sozialebene verschoben werden, indem etwa Konsens darüber besteht, dass Widersprüchlichkeiten per se akzeptiert werden und somit keine Thematisierung und keinen Widerspruch nach sich ziehen. An dieser Stelle votiert das Konzept Obrechts anders, indem es das Toleranzgebot auf Menschen beschränkt und nicht auf Meinungen und Theorien ausweitet.[369]

Zweitens impliziert die oben erwähnte Rollenmetapher wie auch das Postulat der Identitätslosigkeit, dass Soziale Arbeit auf eben jener Sozialebene in eine reaktive Verhandlungsposition gerät. Nimmt man die Metapher der hier vorgeschlagenen Rollen ernst, so fällt zunächst auf, dass es sich bei allen um freiwillige Verständigungsangebote handelt. Überträgt man dieses Verhältnis auf Soziale Arbeit so ist diese stets angewiesen auf das Interesse von Bezugswissenschaften an ihrem Gegenstandsinteresse. Reformuliert lautet hier der Zweifel: „Kann es sich Soziale Arbeit leisten und verantworten, keinen eigenen Standpunkt und keine eigenen Interessen zu vertreten?" Das Konfliktpotenzial dieser Forderung kann man sich etwa am Beispiel der Konkurrenz von Forschungsverbünden um Drittmittel verdeutlichen. Aus wissenschaftsstrategischen Gründen erscheint es zweifelhaft, die Zukunftsfähigkeit und Weiterentwicklung der Profession, Ausbildung und Disziplin Sozialer Arbeit mit diesem Ansatz als hinreichend gesichert zu betrachten, wenn man mit Helmut Lukas bedenkt, dass „konkurrierende Wissenschaftsalternativen [...] in einer realen Gesellschaft nicht unentschieden oder gleichberechtigt"[370] bleiben. Als offene Koordinationswissenschaft vergibt es sich Soziale Arbeit, eigene Forschungsfragen und Perspektiven einzubringen und für deren Realisierung in Konkurrenz zu anderen Disziplinen des Wissenschaftssystems zu treten. Dasselbe Argument lässt sich für den Bereich der Praxis Sozialer Arbeit anbringen: So zeigen etwa Sommerfeld und Gall für das Arbeitsfeld Psychiatrie, dass sich das Fehlen eines eigenen Professionsprofils im Selbst- wie im Fremdbild von Sozialarbeitern feststellen lässt. In der Konsequenz führt dies nicht zuletzt dazu, dass es ihnen auf Gruppenebene in multiprofessionellen Teams weder gelingt, als gleichberechtigte KooperationspartnerInnen aufzutreten noch in ihrem Berufsfeld eine hinreichende Teilautonomie zu erlangen. Auf individueller Ebene, so die Autoren, begünstigt das fehlende Professionsprofil außerdem eine Bewältigungsstrategie, die zwischen Gefühlen der

---

[369] Vergleiche dazu Kapitel 3.2.3.1.
[370] Lukas (1977, S. 52).

Selbstüberschätzung und Ohnmacht schwankt.[371] Vor dem Hintergrund dieser Einsichten erscheint die Forderung Kleves, sich vom Anspruch eines eigenständigen professionellen Standpunkts freiwillig zu lösen, als Rückschritt:

> „[V]erabschieden wir endlich die Identitätspostulate, akzeptieren wir unsere offene Identitätsform, unsere Identitätslosigkeit und widmen uns den Aufgaben, die unsere *KlientInnen* und die *Gesellschaft* uns stellen."[372]

In dieser transdisziplinären Standpunktlosigkeit wird die Profession Sozialer Arbeit als Orientierungs- und Bewertungsinstanz angemessenen Handelns gleichsam enthusiastisch verabschiedet.[373] Die Konzeption der postmodernen Koordinationswissenschaft verzichtet damit auf die Möglichkeit, Theorien- und Praxisentwicklung eigenständig voranzutreiben,[374] indem sie, bildlich gesprochen, ausharrt, bis Bezugsdisziplinen entsprechendes Interesse an ihrer Gegenstandsperspektive aufbringen, denn vorher gäbe es weder Supervisions-, noch Mediations- oder Moderationsbedarf.

Eine weitere Grenze des Transdisziplinaritätsmodells von Kleve ergibt sich hinsichtlich der Vorstufe der Verknüpfung, der *Theorienanalyse*. Insbesondere gilt es hier zu klären, welches Ebenenverständnis der Unterscheidung von biologischen, psychischen und sozialen Ebenen zu Grunde liegt – handelt es sich um analytische Unterscheidung oder um den Anschluss an die Luhmannsche Differenzierung zwischen biologischen, psychischen und sozialen Systemen? An dieser Stelle ist auch zu fragen, inwieweit der Vorschlag überzeugt, als begriffliche Hintergrundfolie der Verknüpfung ausgerechnet auf die soziologische System-

---

[371] Vergleiche Sommerfeld/ Gall (1996). Siehe zu den Inszenierungsschwierigkeiten der Profession im Rahmen der Kooperation mit Ehrenamtlichen auch Nadai et al. (2005).

[372] Kleve (2003b, S. 124); Hervorhebungen, S.B.

[373] Zugleich erhärtet sich die in Bezug auf die Rollenmetapher geäußerte Befürchtung, dass diese Perspektive die potenzielle Konflikthaftigkeit von Akteurskonstellationen wie in diesem Beispiel von Sozialpolitik und Klienten unterschätzt.

[374] So bemängelt Engelke (2003, S. 29), dass die fehlende Verortung der Disziplin Sozialer Arbeit an deutschen Universitäten zur Folge hätte, dass „empirisch-theoretische Forschungen der Sozialen Arbeit nicht in dem Maße durchgeführt werden, wie es aus fachlichen und sozialpolitischen Gründen für die Praxis und Ausbildung der Sozialen Arbeit zwingend erforderlich wäre."

theorie Luhmanns zurückzugreifen. Ihre Begrifflichkeiten sind erstens spezifisch für die Analyse *sozialer* Systeme ausgearbeitet und sind zweitens von der erklärtermaßen reduktionistischen Prämisse geprägt, von Kommunikationen als Grundeinheiten der Theoriebildung auszugehen. Der äußerst fragwürdige Einsatz systemtheoretischer Begrifflichkeiten und Begründungsfiguren, der sich in den Arbeiten Kleves findet, erhärtet dabei drittens Zweifel, ausgerechnet diese hochauflösende und hochkomplexe soziologische Theorie als begriffliche Bezugsfolie für Verknüpfungen heranzuziehen.

Im Gegensatz zum Modell der Koordinationswissenschaft liegen die *Grenzen des Modells der transdisziplinären Integrationswissenschaft* nicht in einer lückenhaften, widersprüchlichen oder unklaren Theoretisierung. Dieses Modell stellt im Kontrast zu dem Kleves eher auf die Sachdimension von Transdisziplinarität ab, indem es Transdisziplinarität nicht primär als sozialen Prozess, sondern als Herausforderung für die Theoriebildung begreift: Transdisziplinarität wird verstanden als Lieferantin derjenigen metatheoretischen Mittel zur Integration, die erst eine interdisziplinäre Kooperation ermöglichen. Bei der Diskussion der Grenzen dieser Konzeption gilt sich zu vergegenwärtigen, dass es sich bei diesem Modell um das in diesem Vergleich anspruchsvollste Verständnis von Transdisziplinarität handelt, das sowohl theoretisch am weitesten ausgearbeitet ist wie auch formal eine hohe interne Konsistenz aufweist. Dies in Rechnung stellend nimmt die Diskussion der Grenzen die Fragen der *Umsetzbarkeit* sowie das Problem der *Ver-Objektivierung* in den Blick.

Bezüglich der *Umsetzungschancen* dieses Konzepts ist zu fragen, ob sich ausreichend mechanismische Erklärungen im Einzugsgebiet der Sozial- und Geisteswissenschaften finden lassen, die die entsprechenden systemischen Theorien absichern. Gerade dieses Forschungsfeld steht doch klassisch vor dem Problem der begrenzten Kontrollierbarkeit und Isolierbarkeit seines Gegenstands und kann nur in begrenztem Maße Signifikanzen produzieren. Nimmt man die überzeugenden Beispiele für transdisziplinäre Theorienbildung und die Offenheit für Ergänzungen, Korrekturen und die Etablierung konkurrierender transdisziplinäre Theorien zur Kenntnis, erscheint ein solches Vorhaben, obschon anspruchsvoll, jedoch als prinzipiell möglicher Weg der Weiterentwicklung Sozialer Arbeit als Disziplin.

Des Weiteren stellt sich die Frage, wie man bei der Bezugnahme auf ein derart großes disziplinäres Einzugsgebiet, zu dem in diesem Modell etwa auch Psychobiologie zählt vermeiden kann, dass reduktionistische Logiken oder überschätzte Erklärungsansprüche übernommen werden – denn diese zu erkennen erfordert erhebliche Vertrautheit mit dem gegenwärtigen Forschungsdiskurs. Hier lässt sich etwa an die Entwicklung in den Neurowissenschaften denken: Gerade in der jüngeren Vergangenheit meldeten Forscher aus diesem Feld sich mit einer Kritik an den umfassenden Erklärungsansprüchen ihrer Disziplin zu Wort.[375] Hier lässt sich jedoch wiederum einwenden, dass das Modell der transdisziplinären Integrationswissenschaft offen für entsprechende empirische Aktualisierungen, paradigmatische Umstellungen und Korrekturen ist. Die Herausforderung dieses Unterfangens wird dadurch eher noch bekräftigt. Diese Überlegungen führen uns auch zur den spezifischen Herausforderung dieses Projekts auf Sozialer Ebene: Der Koordinationsaufwand und auch das Konfliktpotenzial steigt bei dieser Umstellung von einer losen zu einer festeren Kopplung[376] von Disziplin und Lehre stark an – dabei sind Konfliktlinien nicht unbedingt primär zwischen Fach- und Bezugswissenschaftlern wahrscheinlich, sondern etwa auch zwischen Gruppen mit hoher Bereitschaft zur Arbeit mit dem SPSA und solchen, die sich gegen eine Bezugnahme entscheiden.

Mit Tillmann lässt sich zum zweiten nach den Folgeproblemen einer streng ratio-empirischen Integrationswissenschaft fragen. Die Befürchtung lautet hier, dass mit der Orientierung an objektwissenschaftlichen Humanwissenschaften eine *reduktionistische Perspektive* einhergeht, „die nur in den Blick nehmen [kann], was sich zu Objekten machen lässt. Die emotional-motivationalen Begründungstrukturen der Subjekte in ihren Lebenswelten müssen zwangsläufig von den Studierenden übersehen werden, die in dieser reduzierten Wissenschaft

---

[375] Siehe etwa die Arbeit von Fuchs (2009) zum Gehirn als Beziehungsorgan.
[376] Vergleiche Weick (1976).

ihre Initiation erlangen wollen".[377] Diesen Einwand gilt es ernst zu nehmen, denn zwar berücksichtigt die systemische Bild-Code-Theorie die Bilder und Erklärungsmuster von Klienten als Subjekten, jedoch ist die Gefahr einer solchen Verobjektivierung im Feld der Ausbildung und Praxis nicht abzustreiten. Betrachtet man etwa die aktuellen fachpolitischen Entwicklungen im Kinderschutz fällt die zunehmende Nachfrage an Diagnosewissen auf, das helfen soll, Kindeswohlgefährdungen zu erkennen. Experten bewerten diese Veränderungen nicht ausschließlich positiv. Identifizieren sich Sozialarbeiter in diesem Feld stark über ihr diagnostisches Wissen, wandelt sich ihr Selbstverständnis zu dem einer Art „Sondereinsatzgruppe". In der Konsequenz verändert sich die Bedeutung von Beziehungsarbeit, die langfristige Hilfebeziehungen ermöglicht. Sie kann in den Hintergrund treten, vermieden oder verhindert werden.[378] Dieser Gefahr der „objektivierenden Vereinseitigung", die drohende Marginalisierung von Beziehungsarbeit,[379] muss insbesondere in der Gestaltung von Studiengängen und der professionellen Weiterentwicklung sozialer Dienste berücksichtigt werden.

---

[377] Tillmann (2000, S. 109).
[378] Siehe dazu etwa Kohaupt (2006, S. 4).
[379] Für diesen Hinweis möchte ich Edi Martin danken.

Transdisziplinarität revisited

Diese Untersuchung nahm ihren Ausgangspunkt in der Frage, was sich hinter dem Begriff der Transdisziplinarität in der Sozialen Arbeit verbirgt – Haben wir es hier mit einem Schlagwort, einer Programmatik oder gar einer folgenreichen Neukonzeption Sozialer Arbeit als Wissenschaft zu tun? Welche Chancen und Grenzen bietet eine transdisziplinäre Konstitution Sozialer Arbeit?

Um diese Frage zu beantworten, habe ich eine Annäherung vom Allgemeinen zum Speziellen vorgenommen. Eine erste Arbeitsdefinition skizzierte dabei zunächst allgemeine Begriffskonturen. Sodann wurden zwei wissenschaftsphilosophische Ursprungskonzepte zur Transdisziplinarität vorgestellt, auf die im sozialarbeitswissenschaftlichen Diskurs Bezug genommen wird. Die sich anschließende Relationierung verdeutlichte, dass neben Anschlussmöglichkeiten auch Grenzen einer Übernahme bzw. eines Anschlusses an diese Konzepte bestehen. Die zweite Arbeitsdefinition konkretisierte sodann die Dimensionen, die spezifisch im sozialarbeitswissenschaftlichen Diskurs um Transdisziplinarität relevant werden. Für die weitere Annäherung wurden fünf Vorschläge sozialarbeitswissenschaftlicher Autoren ausgewählt in Rückbindung an die jeweiligen Wissenschaftsmodelle Sozialer Arbeit rekonstruiert. Der folgende Vergleich setzte diese Konzepte in sieben Dimensionen in Beziehung zueinander. Die Schlussbetrachtung diskutierte sodann die beiden komplexesten Modelle. Dabei handelte es sich um das Transdisziplinaritätskonzept der postmodernen Koordinationswissenschaft sowie um das der integrativen Handlungswissenschaft.

Diese Untersuchung hat gezeigt, dass sich hinter dem Terminus der Transdisziplinarität äußerst heterogene Konzepte verbergen. Mithin kann auf die Frage nach dem Status des Begriffs, also danach, ob wir es eher mit einem Schlagwort, einer Programmatik oder doch einer folgenreichen Neubestimmung zu tun haben, keine allgemeingültige Antwort gegeben werden. Lässt man sich auf die unterschiedlichen Verständnisse ein, die im sozialarbeitswissenschaftlichen Diskurs entwickelt werden, so blickt man auf ein äußerst vielschichtiges Bild.

Die Skizze der wissenschaftsphilosophischen Konzepte hat dabei zunächst gezeigt, dass bereits in den Ursprungskonzepten von Transdisziplinarität ein wichtiger Begriffsunterschied eingelassen ist: Während Mittelstraß Transdisziplinarität als Reparaturprinzip von Wissenschaft begreift, das der Überwindung disziplinärer Engführungen im Forschungsprozess dient, wird der Präfix trans- im Konzept von Gibbons, Nowotny et al. in einem ausgreifenderen Sinn genutzt, indem auf ein genuin neues Verhältnis von Wissenschaft und Gesellschaft abgestellt wird. Schließt man an diesen Diskurs an, so gilt es, mindestens diese Differenz in Rechnung zu stellen, um dem Begriff nicht bereits bei der Übernahme in bzw. beim Anschluss an die eigene Konzeption von Transdisziplinarität seine ohnehin vagen Konturen zu nehmen. Vor dem Hintergrund muss die Entscheidung des Modells von Wendt, zugleich an Transdisziplinarität nach Mittelstraß, Gibbons et al. und Kleve anzuschließen, kritisiert werden. Hier wird der Begriff Transdisziplinarität de facto eher schlagwortartig aufgegriffen.

In der Relationierung dieser Modelle zur Situation Sozialer Arbeit hat sich gezeigt, dass sich aufgrund des hohen Abstraktionsgrades und der geringen Operationalisierung von Transdisziplinarität kaum Aufschluss darüber gewinnen lässt, wie sich eine dergestalt transdisziplinäre Sozialarbeitswissenschaft verfassen müsste. Spezifischer wurde dabei herausgearbeitet, dass sich Soziale Arbeit nach Gibbons et al. bereits in ihrer momentanen Verfassung als transdisziplinär begreifen lässt. Schließt man an eben jenes Konzept an, so kann sich eine Sozialarbeitswissenschaft ohne zusätzliche Anstrengungen mit diesem klangvollen Attribut schmücken. Die Einnahme einer postmodernen Perspektive ist dazu nicht nötig. Fragt man nach den Möglichkeiten eines Anschlusses an das Konzept von Mittelstraß, so konnte gezeigt werden, dass dieser wenig Sinn macht. Dies trat deutlich in der Diskussion der disziplinären Engführungen, auf die hin Mittelstraß Transdisziplinarität als Reparaturprinzip konzipiert, zu Tage. Wenn einer Sozialarbeitswissenschaft etwas fehlt, dann wohl eben jenes Problem einer fachwissenschaftlichen Engführung. Bereits in der Vergangenheit trugen mehrere Faktoren, darunter die breite bezugswissenschaftliche Zusammensetzung der *scientific community* bzw. des Lehrkörpers an Fachhochschulen dazu bei, eben jene fachwissenschaftlichen Engführungen äußerst unwahrscheinlich zu machen. Angesichts des momentanen Standes der Disziplinwerdung fällt es auch gegenwärtig entsprechend schwer, in ebenjenen Engführungen eine reale Gefahr zu sehen. Des Weiteren konnte in der Relationierung gezeigt werden, dass sich insbesondere das Konzept von Transdisziplinarität als Reparaturprinzip auf projektbezogene, also temporäre Forschungskooperationen von Einzeldisziplinen bezieht. Im Kontrast dazu steht eine durch Fach- und Bezugswissenschaften geprägte Sozialarbeitswissenschaft vor permanenten Kooperationsherausforderungen in Wissenschaft und Lehre. Ebenjener Unterschied macht den Begriff der Transdisziplinarität für einen sozialarbeitswissenschaftlichen Diskurs interessant.

Die Rekonstruktion der sozialarbeitswissenschaftlichen Verständnisse von Transdisziplinarität hat dabei exemplarisch vorgeführt, dass bereits die Relationierung von Fach- und Bezugswissenschaften differiert. Unterschieden wurden dabei Konzepte, die eine eher heteronome Vorstellung von Sozialarbeitswissenschaft entwickeln von solchen, die einen stärkeren fachwissenschaftlichen Autonomieanspruch vertreten. Während die Modelle der postmodernen Koordinationswissenschaft (Kleve) sowie das der transdisziplinären Handlungswissenschaft (Wendt) eher am heteronomen Pol dieses Spannungsfeldes zu verorten sind, lagern sich die Konzepte der transdisziplinären Praxiswissenschaft (Göppner) wie der integrativen Handlungswissenschaft (Obrecht) eher am autonomen Pol an. Eine mittlere Stellung nimmt dabei das Modell der Intradisziplinarität (Engelke) ein. Es konnte gezeigt werden, dass Transdisziplinarität als Attribut einer Sozialarbeitswissenschaft eher vage bestimmt wird und der Begriff insbesondere in den Konzepten von Wendt, Engelke und Göppner eher programmatisch verwendet wird. Meist steht er für den Anspruch, Wissen aus einem möglichst großen disziplinären Einzugsgebiet für Soziale Arbeit zu erschließen, ohne dass ausführlicher operationalisiert wird, wie dies genau geschieht. Die Konzepte Kleves und Obrechts entwerfen dagegen komplexere Vorstellungen von Transdisziplinarität. Im Rahmen des Vergleichs der Konzepte wurde ein Zusammenhang zwischen Transdisziplinaritäts-verständnis und Theorienpluralismus sichtbar: Diejenigen Konzepte, die den Theorienpluralismus Sozialer Arbeit problematisieren, favorisieren stärker die Integration von Wissen und Theorien. Wird Theorienpluralismus dagegen weniger stark problematisiert, so entwickeln die Konzepte eher Vorstellungen von Transdisziplinarität als Verknüpfung.

Außerdem wurde gezeigt, dass entweder die wissenschaftliche Gemeinschaft Sozialer Arbeit oder aber einzelne Individuen, seien es Praktiker, Studierende oder Sozialarbeitswissenschaftler mit ihren persönlichen Präferenzen und Vorlieben als Vermittlungsbasen der theoretischen Integration/ bzw. Verknüpfung multidisziplinären Wissens konzipiert werden. Ersteres ist im Rahmen der Konzepte von Engelke, Göppner und Hämäläinen sowie Obrecht der Fall, letzteres vor allem in der Konzeption von Kleve.

Der Vergleich machte außerdem deutlich, dass sich die Konzepte hinsichtlich ihrer begrifflichen Klarheit und Widerspruchsfreiheit stark unterscheiden. Insbesondere die Konzepte von Wendt und Kleve sind durch erhebliche Widersprüche, Mehrfachbestimmungen und theoretischen Leerstellen geprägt. Das Konzept der postmodernen Koordinationswissenschaft rekurriert etwa auf zwei Gegenstandsbestimmungen Sozialer Arbeit, zwei Wissenschaftsverständnisse und zwei Verständnisse von Transdisziplinarität. Diese Mehrfachbestimmungen ergeben sich aus der Koexistenz von radikalkonstruktivistischen und eher ratioempirischen Perspektiven. Im Gegensatz zu den Konzepten von Wendt und Kleve sind die Modelle von Engelke, Göppner und Obrecht deutlich vom Bemühen um Widerspruchsfreiheit geprägt.

Um sich dem Ausarbeitungsgrad der Konzepte zu nähern, wurden drei potenziell mögliche Operationen, nämlich die Selektion, Modifikation und Verknüpfung bzw. Integration von Theorien unterschieden und gefragt, inwiefern diese in den Transdisziplinaritätsmodelle berücksichtigt werden. Dabei zeigte sich, dass die Selektion von Wissen von allen Konzepten bis auf das der postmodernen Koordinationswissenschaft verhandelt wird. Dabei werden vor allem thematische, aber auch ethische (im Fall der Konzeption Engelkes) und wissenschaftstheoretische (im Fall des Modells Obrechts) Argumente zur Begründung der Selektion von Theorien angeführt. Die Möglichkeit der Modifikation von Theorien und Wissen berücksichtigt einzig das Konzept Obrechts explizit. Es unterscheidet dabei zwei Möglichkeiten der Modifikation. Zum einen handelt es sich um die Integration von Bottom-Up- und Top-Down-Theorien in systemische Theorien. Zum anderen erlaubt die Methode der Methodenkodifikation, wirksame Methoden vor ihrer Integration etwa begrifflich zu systematisieren und ihren Wirkungsbereich zu spezifizieren. Mittel zur Verknüpfung bzw. Integration theoretisiert allein das Transdisziplinaritätsmodell von Obrecht. Das Mittel der Theorienanalyse, das im Modell Kleves konzipiert wird, stellt lediglich eine Vorstufe der Verknüpfung dar. Das Konzept der integrativen Handlungswissenschaft sieht zur Integration drei Instanzen vor, mittels derer die Integration von einem Metastandpunkt aus gelingen soll. Dabei handelt es sich erstens um die allgemeine Struktur des SPSA, zweitens um eine ausgearbeitete Metatheorie, die die Verknüpfung objektwissenschaftlicher Theorien theoretisiert und drittens um die Allgemeine Normative Handlungstheorie, mittels derer verschiedene Wissensformen verknüpft und im Handlungsprozess integriert werden sollen. Die Methode der Methodenkodifikation fungiert bei der Integration insoweit als Vorstufe, als sie es erlaubt, wirksame, wenngleich nicht wissenschaftlich untersuchte Methoden in den sozialarbeitswissenschaftlichen Wissenskorpus aufzunehmen.

Während die Konzepte Wendts, Engelkes und Göppners eher Programmatiken darstellen, handelt es sich bei den Modellen von Kleve und Obrecht in Relation dazu um komplexere Konzepte zur Transdisziplinarität. Diese könnten jedoch inhaltlich und formal verschiedener kaum sein: Während im Modell der transdisziplinären postmodernen Sozialarbeitswissenschaft auf eine eigene Positionierung verzichtet wird und das fachwissenschaftliche Selbstverständnis eher dem eines Mediums für den Austausch zwischen Bezugswissenschaften entspricht, konzipiert Obrecht Transdisziplinarität als zentralen Schritt zur Etablierung einer autonomen Disziplin Sozialer Arbeit, die das Ziel verfolgt, nach und nach ein minimal kohärentes und umfassendes Disziplin- und Professionswissen zu entwickeln. Die kontrastierende Schlussbetrachtung widmete sich ebenjenen Chancen und Grenzen dieser komplexeren Modelle von Transdisziplinarität. Dabei konnte gezeigt werden, dass das Versprechen einer postmodernen Koordinationswissenschaft in der weitreichenden Entlastung Sozialer Arbeit besteht.

Transdisziplinarität wird in dieser Konzeption bereits als Ist-Zustand Sozialer Arbeit begriffen, der sich dann zu erkennen gibt, wenn die entsprechende postmoderne Gemütshaltung eingenommen und unangemessene Ansprüche an eine eindeutige Identität Sozialer Arbeit abgelegt werden. Mittels dieses Reframings werden zahlreiche vermeintliche Defizite Sozialer Arbeit, etwa ihre Vielfalt und Diffusität als funktionale Normalität sichtbar. Transdisziplinäres Verknüpfen stellt in diesem Modell keine anspruchsvolle Handlung dar, die nur entsprechend ausgebildeten Akteuren möglich ist, sondern kann von jedem einzelnen Studierenden, Praktiker und Wissenschaftler geleistet werden. Als kreativer Prozess befreit sich diese Form der Verknüpfung von modernen Ansprüchen wie etwa Widerspruchsfreiheit und setzt Kreativität zur Ideenfindung und Reflexion in der Praxis Sozialer Arbeit frei.

Im Gegensatz dazu begreift das Modell Obrechts Transdisziplinarität als Ziel einer anspruchsvollen und langwierigen Entwicklung. Transdisziplinarität stellt damit ein Unterfangen dar, dass nur mit einem erheblichen Aufwand zu realisieren ist. Zwar existierten einzelne transdisziplinäre Teiltheorien, insbesondere im Rahmen des Systemischen Paradigmas, der sozialarbeitswissenschaftliche Wissenskorpus wird aus Sicht dieser Perspektive gegenwärtig jedoch noch stark von einer Vielfalt unverbundener Teiltheorien und Heuristiken geprägt. Es wurde argumentiert, dass dieses Konzept gewissermaßen eine Zu-Mutung an Soziale Arbeit darstellt, indem es unüblich hohe Ansprüche an den Umfang hinzuzuziehender (meta- und objektwissenschaftlicher) Theorien und an die nötige Systematisierung des Wissens in Disziplin und Lehre stellt. Das Versprechen, bzw. die Ermutigung lautet jedoch, dass diese Anstrengungen es erlauben, einen Korpus an systematischem, umfassenden und minimal kohärentem Professionswissen zu erzeugen. Die Verknüpfung und Integration von Theorien ist in diesem Modell wegen des hohen Zeitaufwandes und der nötigen Qualifikationen der Disziplin Sozialer Arbeit vorbehalten, die den Anspruch erhebt, der Praxis zur Erklärung und Bearbeitung von sozialen Problemen entsprechend komplexe Beschreibungs- und Erklärungsmodelle zur Verfügung zu stellen. Herauszustellen ist hierbei, dass im Modell Obrechts der hohe Anspruch an die Integration von einem Metastandpunkt durchaus korrespondiert mit der Entwicklung von entsprechenden Mitteln, den genannten Integrationsinstanzen.

Die Diskussion der Chancen und Grenzen charakterisierte beide Transdisziplinaritätsmodelle als folgenreiche Konzepte. Fragt man nach den Grenzen des Modells der postmodernen Koordinationswissenschaft, wurde deutlich, dass insbesondere auf der Sachebene des Modells Konkretisierungsbedarf besteht. Hier werden bislang stärker soziale Umgangsweisen thematisiert als sachliche Fragen der Verknüpfung. Entscheidet man sich für die Übernahme eben jener postmodernen Gemütshaltung, so besteht also weiterhin Konkretisierungsbedarf, etwa bei der Frage, wann und in welcher Konstellation die Fachwissenschaft Sozialer Arbeit als Mediatorin, Moderatorin und Supervisorin gegenüber den Bezugswissenschaften agieren soll. Wie genau soll entschieden werden, auf welche der multiplen Mehrfachbestimmungen im Fall von Verknüpfungen zurückgegriffen wird? Wie wird im Prozess der Verknüpfung mit widersprüchlichen Theorien umgegangen? Entwicklungsbedarf besteht im Anschluss daran auch beim Prozess der Theorienanalyse. Hier gilt es zum einen, Mittel zu entwickeln, die eine konkrete Verknüpfung von Theorien und Wissensbeständen instruieren und zum anderen, die Theorienanalyse als Instrument zu konkretisieren. Offen ist etwa die Frage, auf welche Theorie sich die Unterscheidung der Theorieebenen und der Rekurs auf Bedürfnisse bezieht. Deutliche Skepsis wurde gegenüber Kleves Vorschlag geäußert, ausgerechnet die Luhmannsche Systemtheorie als erklärtermaßen reduktionistische Großtheorie zur begrifflichen Hintergrundfolie von Verknüpfungen zu machen. Gegen einen solchen Einsatz spricht nicht zuletzt die problematische Bezugnahme des Autors auf diese Theorie.

Das Plädoyer, sich dem Refraiming Sozialer Arbeit anzuschließen, stellte sich in der Diskussion als wenig überzeugend dar. Die These von Vielfalt und Diffusität als funktionaler Realität erscheint als übergeneralisiert und empirisch kaum gedeckt. Vor diesem Hintergrund spricht einiges dagegen, der Einladung zu einer postmodernen Gemütshaltung zu folgen. Entscheidet man sich doch dafür, dieser Einladung zu folgen, wird der Preis dieses Entlastungsangebots deutlich: Jegliche Theoriekritik wird, wenn sie sich an „modernen" Ansprüchen orientiert, obsolet; Kreativität wird als positiver Wert unbegründet verabsolutiert und aus der Konkurrenz von Theorien wird qua Setzung, die an einen naiven Realismus erinnert, deren Komplementarität.

Die Diskussion problematisierte außerdem die sozialen Folgen einer identitäts- und standpunktfreien Sozialarbeitswissenschaft. Der Zweifel lautet hier, dass sich Soziale Arbeit, wenn sie dieses Identitätsangebot annimmt, de facto in eine defensive Position manövriert, indem sie etwa bei der Vergabe von Drittmitteln die Chance vergibt, offensiv für ihr spezifisches Gegenstandsinteresse einzutreten. Mit Blick auf die Macht- und Interessenlagen der Wissenschaft ist denn auch mit Lukas anzuzweifeln, ob sich die Disziplin Soziale Arbeit lange Zeit eine derartige Standpunktfreiheit leisten kann. Ist dies nicht der Fall, könnte der vermeintliche Vorreiter einer postmodernen transdisziplinären Wissenschaft schnell ins Abseits der Bedeutungslosigkeit geraten.

Bei der Grenzbetrachtung des Konzepts der integrativen Handlungswissenschaft wurde deutlich, dass die Kritik hier auf einer höheren Ebene ansetzt, denn dieses Modell weist weder größere Widersprüchlichkeiten noch fehlende Mittel zur Umsetzung von Transdisziplinarität auf – im Gegenteil, es kann im Bereich der Integrationsinstanzen erfolgreiche Beispiele einer transdisziplinären Integration vorweisen. Vor diesem Hintergrund wurde deutlich, dass die zentralen Herausforderungen dieses Konzepts vor allem auf der Sozialebene zu suchen sind. Konkret geht es dabei um Fragen der Umsetzbarkeit. Hier wurde zum einen gefragt, inwiefern es möglich ist, aus dem Bestand der Sozialwissenschaften hinreichend viele mechanismische Erklärungen für systemische Theorien zu aquirieren. Des Weiteren steht dieses Modell vor der Herausforderung, sein Bezugswissen stetig aus einem nicht unerheblichen Einzugsbereich zu aktualisieren, und dies, ohne reduktionistische Logiken aus diesen Bereichen zu übernehmen. Eine weitere Herausforderung besteht darin, in Lehre und Praxisentwicklung subjektorientierte Arbeitsformen nicht zu marginalisieren. Mit dem Anspruch der Integration von einem Metastandpunkt aus stellt dieses Konzept außerdem die lose Kopplung von Disziplin und Lehre auf eine feste Kopplung um.

Damit geht auf organisationaler Ebene ein erhöhter Aufwand an kollegialer Abstimmung und Auseinandersetzung einher. Voraussetzung eines solchen Prozesses ist dabei zunächst einmal, dass den beteiligten Fach- und Bezugswissenschaften der Aufbau und die Inhalte des Paradigmas bekannt sind und eine entsprechende Bereitschaft für diese Form der engeren permanenten Kooperation besteht. Das Beispiel der Arbeiten der Zürcher Schule zeigt jedoch, dass ein solches Unterfangen wenn auch äußerst voraussetzungsreich, so doch nicht unmöglich ist.

Beim Skizzieren der wissenschaftsphilosophischen Konzepte wie beim Rekonstruieren und Vergleichen der sozialarbeitswissenschaftlichen Verständnisse von Transdisziplinarität haben wir ein differenziertes Bild über die Implikationen und den Folgenreichtum dieses Begriffs gewonnen. Je nachdem, auf welches Verständnis von Transdisziplinarität man rekurriert, verbergen sich hinter dem Begriff komplexe Modelle der Weiterentwicklung Sozialer Arbeit oder engagierte Programmatiken. In manchen Fällen jedoch wird der Begriff tatsächlich eher als Schlagwort genutzt. Mithilfe der Rekonstruktion und des Vergleichs der sozialarbeitswissenschaftlichen Konzepte wurden ihre Stärken wie Schwächen, Chancen wie auch Herausforderungen deutlich. Damit gelangten sie, dem Anliegen der Untersuchung entsprechend, als heterogene Programmalternativen in den Blick. Deutlich geworden ist dabei nicht zuletzt, dass kein Mangel an Programmatiken und Modellen einer transdisziplinären Sozialen Arbeit besteht. Das Rad muss also nicht neu erfunden werden. Vielmehr gilt es, die hier rekonstruierten Verständnisse als Beiträge der Weiterentwicklung Sozialer Arbeit ernst zu nehmen, sie auszuarbeiten und die Möglichkeit zu nutzen, an komplexere Vorschläge anzuschließen.

Literaturverzeichnis

Ackermann, Friedhelm (2000): Beruf, Disziplin, Profession? Ein kurzer Überblick über qualitative Studien zur Professionalisierung Sozialer Arbeit (http://www.qualitative-sozialforschung.de/profession.htm, 18.05.2007).

Amthor, Ralph Christian (2003): Die Geschichte der Berufsausbildung in der Sozialen Arbeit – Auf der Suche nach Professionalisierung und Identität. Weinheim, München: Juventa.

Balsiger, Philipp W. (2005): Transdisziplinarität – Systematisch–vergleichende Untersuchung disziplinenübergreifender Wissenschaftspraxis. München: Wilhelm Fink Verlag.

Bergmann, Matthias/Jahn, Thomas/Knobloch, Tobias/Krohn, Wolfgang/Pohl, Christian/Schramm, Engelbert (2010): Methoden transdisziplinärer Foschung. Frankfurt am Main: Campus.

Blättel-Mink, Birgit /Kastenholz, Hans /Schneider, Melanie/Spurk, Astrid, Arbeitsbericht Nr. 229 (2003): Nachhaltigkeit und Transdisziplinarität: Ideal und Forschungspraxis (Akademie für Technikfolgenabschätzung in Baden-Württemberg).

BMFSFJ, Bundesministerium für Familie, Senioren, Frauen und Jugend (2007): Forschungsberichte (http://www.bmfsfj.de/Kategorien/Forschungsnetz/forschungsberichte.html, 26.04.07).

Böhnisch, Lothar (2002): Lebensbewältigung – Ein sozialpolitisch inspiriertes Paradigma für die Soziale Arbeit. In: Thole, Werner (Hg.): Grundriss Soziale Arbeit – Ein einführendes Handbuch. Opladen: VS Verlag für Sozialwissenschaften, S. 199-213.

Böhnisch, Lothar/Lösch, Hans (1973): Das Handlungsverständnis des Sozialarbeiters und seine institutionelle Determination. In: Otto, Hans-Uwe/Schneider, Siegfried (Hg.): Gesellschaftliche Perspektiven der Sozialarbeit. Neuwied, Berlin: Luchterhand, S. 21-40.

Borrmann, Stefan (2005): Soziale Arbeit mit rechten Jugendcliquen. Wiesbaden: VS Verlag für Sozialwissenschaften.

Borrmann, Stefan (2006): Vom Anspruch der wissenschaftlichen Begründung sozialarbeiterischen Handelns zur Umsetzung in der Praxis – Die International Definition of Social Work und der transformative Dreischritt nach Silvia Staub-Bernasconi. In: Schmoecker, Beat (Hg.): Liebe, Macht, Erkenntnis – Silvia Staub-Bernasconi und das Spannungsfeld Soziale Arbeit. Luzern: Interact, S. 161-173.

Büchner, Stefanie (2010): Transdisziplinarität als Attribut Sozialer Arbeit. In: Schweizerische Zeitschrift für Soziale Arbeit 8/9, S. 53-68.

Bunge, Mario A. (1967): Scientific Research II – The Search for Truth. Berlin: Springer.

Bunge, Mario A. (1996): Finding Philosophy in Social Sciences. New Heaven, London: Yale University Press.

Bunge, Mario A. (2004a): Clarifying Some Misunderstandings about Social Systems and Their Mechanisms. In: Philosophy of the Social Sciences 34, S. 371-381.

Bunge, Mario A. (2004b): Über die Natur der Dinge. Stuttgart: Hirzel.

Dörner, Dietrich (2000): Die Logik des Mißlingens – Strategisches Denken in komplexen Situationen. Reinbek: Rowohlt.

Eberhard, Kurt (1999): Einführung in die Erkenntnis- und Wissenschaftstheorie. Stuttgart: Kohlhammer.

Effinger, Herbert (2005): Wissen, was man tut und tun, was man weiß – Die Entwicklung von Handlungskompetenzen im Studium der Sozialen Arbeit. In: Blätter der Wohlfahrtspflege 6, S. 223-228.

Elias, Norbert (1972): Soziologie und Psychiatrie. In: Wehler, Hans-Ulrich (Hg.): Soziologie und Psychoanalyse. Stuttgart, Berlin, Köln: Kohlhammer, S. 11-41.

Engelke, Ernst (1996a): Einführung: Studienreform in der Sozialen Arbeit – Ärgernis und Hoffnung. In: Engelke, Ernst (Hg.): Soziale Arbeit als Ausbildung – Studienreform und Modelle. Freiburg im Breisgau: Lambertus, S. 7-27.

Engelke, Ernst (Hg.) (1996b): Soziale Arbeit als Ausbildung – Studienreform und Modelle. Freiburg im Breisgau: Lambertus.

Engelke, Ernst (1996c): Soziale Arbeit und ihre Bezugswissenschaften in der Ausbildung – Ressourcen und Schwierigkeiten einer spannungsvollen Partnerschaft. In: Merten, Roland/Sommerfeld, Peter/Koditek, Thomas (Hg.): Sozialarbeitswissenschaft – Kontroversen und Perspektiven. Neuwied, Kriftel, Berlin: Luchterhand, S. 161-184.

Engelke, Ernst (2003): Die Wissenschaft Soziale Arbeit – Werdegang und Grundlagen. Freiburg im Breisgau: Lambertus.

Engelke, Ernst (2004): Soziale Arbeit als Wissenschaft. Eine Orientierung. In: Mühlum, Albert (Hg.): Sozialarbeitswissenschaft – Wissenschaft der Sozialen Arbeit. Freiburg im Breisgau: Lambertus, S. 63-72.

Fuchs, Thomas (2009): Das Gehirn – ein Beziehungsorgan. Eine phänomenologisch-ökologische Konzeption. Stuttgart: Kohlhammer.

Geiser, Kaspar (2004): Problem– und Ressourcenanalyse in der Sozialen Arbeit – Eine Einführung in die Systemische Denkfigur und ihre Anwendung. Luzern: Interact.

Gibbons, Michael/Limoges, Camille/Nowotny, Helga/Schwartzmann, Simon/Scott, Peter/Trow, Martin (1994): The New Produktion of Knowledge. London: Sage.

Gibbons, Michael/Nowotny, Helga (2001): The Potential of Transdisciplinarity. In: Julie Thompson Klein/Walter Grossenbacher-Mansuy/Rodolf Häberli/Alain Bill/Roland W. Scholz/Myrtha Welti (Hg.): Transdisciplinarity: Joint Problem Solving among Science, Technology, and Society – An Effektive Way for Managing Complexity. Basel, Boston, Berlin: Birkhäuser Verlag, S. 67-80.

Glasersfeld, Ernst von (1981): Einführung in den radikalen Konstruktivismus. In: Paul Watzlawick (Hg.): Die erfundene Wirklichkeit. Wie wissen wir, was wir zu wissen glauben? – Beiträge zum Konstruktivismus. München: Piper, S. 39-60.

Göppner, Hans-Jürgen (1996): Einige Thesen zur Begründung und Anlage einer Sozialarbeitswissenschaft. In: Sozialmagazin 21, S. 30-41.

Göppner, Hans-Jürgen (2004): „Die Theorie bestimmt, was man beobachten kann" – Epistemologische Argumente zur Notwendigkeit und Programmatik einer Sozialarbeitswissenschaft. In: Archiv für Wissenschaft und Praxis der Sozialen Arbeit 35, S. 3-28.

Göppner, Hans-Jürgen (2006): Sozialarbeitswissenschaft – was hat die Praxis davon? Oder: Wie kann Soziale Arbeit wissen, dass sie gut ist? (http://www.ku–eichstaett.de/Fakultaeten/ SWF/Lehrpersonal/ goeppner/aktuelles/HF_sections/content/Sozialarbeitswissenschaft.pdf, 07.12.2006).

Göppner, Hans-Jürgen (2007): Literatursammlung zur Sozialarbeitswissenschaft (http://www.dgsinfo.de/pdf/DGSliste.pdf, 28.04.07).

Göppner, Hans-Jürgen/Hämäläinen, Juha (2003): Konstruktive Fragen einer Sozialarbeitswissenschaft oder: Die Praxis theoretisieren – die Theorie praktizieren. In: Archiv für Wissenschaft und Praxis der sozialen Arbeit 33, S. 32-58.

Göppner, Hans-Jürgen/Hämäläinen, Juha (2004): Die Debatte um Sozialarbeitswissenschaft – Auf der Suche nach Elementen für eine Programmatik. Freiburg im Breisgau: Lambertus.

Gredig, Daniel/Sommerfeld, Peter (2010): Neue Entwürfe zur Erzeugung und Nutzung lösungsorienterten Wissens. In: Otto, Hans-Uwe/Polutta, Andreas/Ziegler, Holger (Hg.): What Works – Welches Wissen braucht die Soziale Arbeit. Opladen: Budrich, S. 83-98.

Greshoff, Rainer (2000): Interdisziplinarität und Vergleichen. In: Zima, Peter V. (Hg.): Vergleichende Wissenschaften – Interdisziplinarität und Interkulturalität in den Komparatistiken. Tübingen: Gunter Narr Verlag, S. 29-46.

Hacking, Ian (1999): Was heißt „soziale Konstruktion"? – Zur Konjunktur einer Kampfvokabel in den Wissenschaften. Frankfurt am Main: Fischer.

Hamburger, Franz/Sander, Günther/Wöbcke, Manfred (2005): Ausbildung für Soziale Arbeit in Europa. In: Otto, Hans-Uwe/Thiersch, Hans (Hg.): Handbuch Sozialarbeit, Sozialpädagogik. München, Basel: Ernst Reinhardt Verlag, S. 106-117.

Heiner, Maja (1995): Nutzen und Grenzen systemtheoretischer Modelle für eine Theorie professionellen Handelns (Teil1). In: Neue Praxis 5, S. 427-441.

Hering, Sabine/Münchmeier, Richard (2007): Geschichte der Sozialen Arbeit – eine Einführung. Weinheim und München: Juventa.

Hirsch-Hadorn, Gertrude (2005): Anforderungen an eine Methodologie transdisziplinärer Forschung. In: Technikfolgenabschätzung – Theorie und Praxis 14, S. 44-49.

Konferenz der Rektoren und Präsidenten der Hochschulen in der Bundesrepublik Deutschland, Ständige Konferenz der Kultusminister der Länder in der Bundesrepublik Deutschland. Beschlussfassung der HRK vom 03. Juli 2001 und der KMK vom 11. Oktober (2001): Rahmenordnung für die Diplomprüfung im Studiengang Soziale Arbeit an Fachhochschulen (Beschlussfassung HRK am 3. Juli 2001, KMK am 11. Oktober 2001).

Jantsch, Erich (1972): Towards Interdisciplinarity and Transdisciplinarity in Education and Innovation. In: Centre for Educational Research and Innovation (CERI) (Hg.): Interdisciplinarity – Problems of Teaching and Research in Universities. Paris: OECD, S. 97-121.

Jeffrey, Paul/Allen, Peter/Seaton, Roger (2001): Cross-disciplinary Knowledge as a Guide to the Study and Managment of Complexity: The Case of Product Definition in the Aerospace Industry. In: Thompson Klein, Julie/Grossenbacher-Mansuy, Walter/Häberli, Rudolf /Bill, Alain/ Scholz, Roland W./Welti, Myrtha (Hg.): Transdisciplinarity: Joint Problem Solving among Science, Technology, and Society – An Effektive Way for Managing Complexity. Basel, Boston, Berlin: Birkhäuser Verlag, S. 181-187.

Klassen, Michael (2004): Was leisten Systemtheorien in der Sozialen Arbeit? – Ein Vergleich der systemischen Ansätze von Niklas Luhmann und Mario Bunge. Bern: Haupt.

Kleve, Heiko (1996): Soziale Arbeit als wissenschaftliche Praxis und als praktische Wissenschaft. Systemtheoretische Ansätze einer Praxistheorie Sozialer Arbeit. In: Neue Praxis 3, S. 245-252.

Kleve, Heiko (1999): Postmoderne Sozialarbeit: ein systemtheoretisch-konstruktivistischer Beitrag zur Sozialarbeitswissenschaft. Aachen: Kersting.

Kleve, Heiko (2000): Die Sozialarbeit ohne Eigenschaften. Freiburg im Breisgau: Lambertus.

Kleve, Heiko (2001): Sozialarbeit als postmoderne Profession. In: Soziale Arbeit 50, S. 21-25.

Kleve, Heiko (2003a): Die postmoderne Theorie Sozialer Arbeit. Ein Beitrag zur real und theoriehistorischen Entwicklung der Sozialarbeit/Sozialpädagogik. In: Neue Praxis 33, S. 325-340.

Kleve, Heiko (2003b): Sozialarbeitswissenschaft, Systemtheorie und Postmoderne – Grundlegungen und Anwendungen eines Theorien- und Methodenprogramms. Freiburg im Breisgau: Lambertus.

Kleve, Heiko (2006): Die Praxis der Sozialarbeitswissenschaft. In: Sozialmagazin 5, S. 14-22.

Klüsche, Wilhelm (1999): Ein Stück weitergedacht – Beiträge zur Theorie- und Wissenschaftsentwicklung der Sozialen Arbeit. Freiburg im Breisgau: Lambertus.

Klüsche, Wilhelm (Hg.) (2000): Ein Stück weitergedacht – Beiträge zur Theorie- und Wissenschaftsentwicklung der Sozialen Arbeit. Freiburg im Breisgau: Lambertus.

Kohaupt, Georg (2006): Expertise zum Schutzauftrag bei Kindeswohlgefährdung. URL: http://www.kinderschutz–zentrum–berlin.de/download/Expertise%20Georg%20Kohaupt.pdf (27.07.2011).

Krüger, Lorenz (1987): Einheit der Welt – Vielheit der Wissenschaft. In: Jürgen Kocka (Hg.): Interdisziplinarität. Praxis – Herausforderung – Ideologie. Frankfurt am Main: Suhrkamp, S. 106-128.

Kruse, Elke (2004): Stufen zur Akademisierung – Wege der Ausbildung für Soziale Arbeit zum Bachelor-/Mastermodell. Wiesbaden: VS Verlag für Sozialwissenschaften.

Kühl, Stefan (2003): Wie verwendet man Wissen, das sich gegen seine Verwendung sträubt? In: Franz, Hans-Werner, Howaldt, Jürgen/Jacobsen, Heike (Hg.):Forschen – Lernen – Beraten – Der Wandel von Wissensproduktion und -transfer in den Sozialwissenschaften. Berlin: Edition Sigma, S. 71-92.

Kurz-Adam, Maria (1997): Professionalität und Alltag in der Erziehungsberatung – Entwicklungslinien und empirische Befunde. Opladen: Leske & Budrich.

Löbl, Frederike/Wilfing, Heinz (1995): Sozialarbeitswissenschaft und Sozialarbeitsforschung in systemischer Betrachtung. In: Soziale Arbeit 44, S. 325-331.

Luhmann, Niklas (1991): Soziale Systeme. Grundriß einer allgemeinen Theorie, 4. Aufl., Frankfurt am Main: Suhrkamp.

Luhmann, Niklas (1997): Die Gesellschaft der Gesellschaft. Frankfurt am Main: Suhrkamp.

Luhmann, Niklas (2009): Funktionale Methode und Systemtheorie. In: Luhmann, Niklas: Soziologische Aufklärung 1. Beiträge zur funktionalen Differenzierung der Gesellschaft, 4. Aufl., Wiesbaden: VS Verlag für Sozialwissenschaften, S. 39-67.

Lukas, Helmut (1977): Theorien für die Praxis? Wissenschaftsalternativen in der Sozialpädagogik/ Sozialarbeit. In: Lukas, Helmut/Mees-Jacobi, Jutta /Schmitz, Irmtraud/Skiba, Ernst-Günther (Hg.): Sozialpädagogik/ Sozialarbeit – Eine Einführung. Berlin: Volker Spiess, S. 17-56.

Mahner, Martin/Bunge, Mario A. (2000): Philosophische Grundlagen der Biologie. Berlin, Heidelberg, New York: Springer.

Maier, Konrad/Schreiber, Dietlind (1999): Zur Forschungspraxis. In: Maier, Konrad (Hg.): Forschung an Fachhochschulen für Soziale Arbeit – Bestandsaufnahme und Perspektiven. Freiburg: Kontaktstelle für praxisorientierte Forschung e.V., S. 103-123.

Merten, Roland (2000): Sozialarbeitswissenschaft! Oder: Vom Versuch einen Pudding an die Wand zu nageln. In: Pfaffenberger, Hans/ Scherr, Albert/ Sorg, Richard (Hg.): Von der Wissenschaft des Sozialwesens. Rostock: Neuer Hochschulschriftenverlag, S. 210-227.

Mittelstraß, Jürgen (1987): Die Stunde der Interdisziplinarität. In: Kocka, Jürgen (Hg.): Interdisziplinarität – Praxis – Herausforderung – Ideologie. Frakfurt am Main: Suhrkamp, S. 152-158.

Mittelstraß, Jürgen (1997): Der Flug der Eule – Von der Vernunft der Wissenschaft und der Aufgabe der Philosophie. Frankfurt am Main: Suhrkamp.

Mittelstraß, Jürgen (2001): Wissen und Grenzen. Frankfurt am Main: Suhrkamp.

Mittelstraß, Jürgen (2003): Transdisziplinarität – wissenschaftliche Zukunft und institutionelle Wirklichkeit. Konstanz: Universitätsverlag Konstanz.

Mittelstraß, Jürgen (Hg.) (2004): Enzyklopädie Philosophie und Wissenschaftstheorie, Band 4. Stuttgart: Metzler & Poeschel.

Mühlum, Albert (1994): Zur Notwendigkeit und Programmatik einer Sozialarbeitswissenschaft. In: Wendt, Wolf Rainer (Hg.): Sozial und wissenschaftlich arbeiten – Status und Positionen der Sozialarbeitswissenschaft. Freiburg im Breisgau: Lambertus, S. 41-74.

Mühlum, Albert (Hg.) (2004a): Sozialarbeitswissenschaft – Wissenschaft der Sozialen Arbeit. Freiburg im Breisgau: Lambertus.

Mühlum, Albert (2004b): Zur Entstehungsgeschichte und Entwicklungsdynamik der Sozialarbeitswissenschaft. Einleitung. In: Mühlum, Albert (Hg.): Sozialarbeitswissenschaft – Wissenschaft der Sozialen Arbeit. Freiburg im Breisgau: Lambertus, S. 9-26.

Nadai, Eva/Sommerfeld, Peter/Bühlmann, Felix/Krattiger, Barbara (2005): Fürsorgliche Verstrickung – Soziale Arbeit zwischen Profession und Freiwilligenarbeit. Wiesbaden: VS Verlag für Sozialwissenschaften.

Nestmann, Frank/Sickendieck, Ursel (2001): Beratung. In: Otto, Hans-Uwe/Thiersch, Hans (Hg.): Handbuch Sozialarbeit/ Sozialpädagogik. Neuwied, Kriftel: Luchterhand, S. 140-152.

Nowotny, Helga (2005): Im Spannungsfeld der Wissensproduktion und Wissensvermittlung (http://www.unicom.unizh.ch/magazin/archiv/1–97/wissensproduktion.html, 16.11.2005).

Nowotny, Helga/Scott, Peter/Gibbons, Michael (2004): Wissenschaft neu denken – Wissen und Öffentlichkeit in einem Zeitalter der Ungewißheit. Weilerswist: Velbrück Wissenschaft.

Obrecht, Werner (1996): Sozialarbeitswissenschaft als integrative Handlungswissenschaft – Ein metatheoretischer Bezugsrahmen für eine Wissenschaft der Sozialen Arbeit. In: Merten, Roland/ Sommerfeld, Peter/Koditek, Thomas (Hg.): Sozialarbeitswissenschaft – Kontroversen und Perspektiven. Neuwied, Kriftel, Berlin: Luchterhand, S. 121-183.

Obrecht, Werner (2000): Das Systemische Paradigma der Sozialarbeitswissenschaft und der Sozialen Arbeit. In: Pfaffenberger, Hans/Scherr, Albert/Sorg, Richard (Hg.): Von der Wissenschaft des Sozialwesens. Rostock: Neuer Hochschulschriftenverlag, S. 115-143.

Obrecht, Werner (2001a): Das systemtheoretische Paradigma der Disziplin und der Profession der Sozialen Arbeit – Eine transdisziplinäre Antwort auf das Problem der Fragmentierung des professionellen Wissens und die unvollständige Professionalisierung der Sozialen Arbeit. Zürich: Zürcher Beiträge zur Theorie und Praxis Sozialer Arbeit, Hochschule für Soziale Arbeit Zürich.

Obrecht, Werner (2001b): Die Soziale Arbeit und ihre Wissenschaft, die Wissenschaft der Sozialen Arbeit – Leitgedanken zum Nachdiplomkurs in Sozialarbeitswissenschaft (Erweiterte Fassung). In: Sozial Aktuell 33, S. 7-16.

Obrecht, Werner (2002a): Transdisziplinäre Integration in Grundlagen- und Handlungswissenschaften (Erweiterte Fassung). Auf der Konferenz: Soziale Arbeit zwischen Politik und Wissenschaft, Fachhochschule Hamburg (07.12.2000).

Obrecht, Werner (2002b): Transdisziplinarität als neue Form der Verknüpfung von Wissen in Grundlagen- und Handlungswissenschaften. Auf der Konferenz: Themen der Sozialarbeitswissenschaft und ihre transdisziplinäre Verknüpfung, Zürich (05.03.2002).

Obrecht, Werner (2002c): Umrisse einer biopsychosoziokulturellen Theorie menschlicher Bedürfnisse – ein Beispiel einer transdisziplinären integrativen Theorie (Erweiterte und aktualisierte Fassung vom 15.10.2004). Auf der Konferenz: Themen der Sozialarbeitswissenschaft und ihre transdisziplinäre Verknüpfung, Zürich (05.03.2002).

Obrecht, Werner (2003): Transdisziplinäre Integration in Grundlagen- und Handlungswissenschaften. In: Sorg, Richard (Hg.): Soziale Arbeit zwischen Politik und Wissenschaft. Münster, Hamburg, London: LIT Verlag, S. 119-172.

Obrecht, Werner (2004): Soziale Systeme, Individuen, soziale Probleme und Soziale Arbeit. In: Mühlum, Albert (Hg.): Sozialarbeitswissenschaft – Wissenschaft der Sozialen Arbeit. Freiburg im Breisgau: Lambertus, S. 270-294.

Obrecht, Werner (2005a): Ontologischer, Sozialwissenschaftlicher und Sozialarbeitswissenschaftlicher Systemismus – Ein integratives Prardigma der Sozialen Arbeit. In: Hollstein-Brinkmann, Heino/Staub-Bernasconi, Silvia (Hg.): Systemtheorien im Vergleich – Was leisten Systemtheorien in der Sozialen Arbeit? Versuch eines Dialogs. Wiesbaden: VS Verlag für Sozialwissenschaften, S. 93-172.

Obrecht, Werner (2005b): Unterrichtsscript: Soziale Arbeit als Handlungswissenschaft, S. 1-194.

Obrecht, Werner/Gregusch, Petra (2003): Wofür ist der lösungsorientierte Ansatz eine Lösung? Ein Beitrag zur Sozialarbeitswissenschaftlichen Evaluation einer therapeutischen Methode. In: Archiv für Wissenschaft und Praxis der sozialen Arbeit 33, S. 59-93.

Obrecht, Werner/Staub–Bernasconi, Silvia (1996): Vom additiven zum integrativen Studienplan – Studienreform als Verknüpfung der Profession der Sozialen Arbeit mit der Disziplin der Sozialarbeitswissenschaft. In: Engelke, Ernst (Hg.): Soziale Arbeit als Ausbildung – Studienreform und Studienmodelle. Freiburg im Breisgau: Lambertus, S. 125-149.

Peters, Helge/Crämer–Schäfer, Helga (1975): Die sanften Kontrolleure: wie Sozialarbeiter mit Devianten umgehen. Wiesbaden: Enke.

Pfaffenberger, Hans (1993): Entwicklung der Sozialarbeit/ Sozialpädagogik zur Profession und zur wissenschaftlichen und hochschulischen Disziplin. In: Archiv für Wissenschaft und Praxis der sozialen Arbeit 24, S. 196-208.

Rauschenbach, Thomas/Züchner, Ivo (2005): Theorie der Sozialen Arbeit. In: Thole, Werner (Hg.): Grundriss Soziale Arbeit – Ein einführendes Handbuch. Wiesbaden: VS Verlag für Sozialwissenschaften, S. 139-160.

Rossini, Frederick A./Porter, Alan L./Kelly, Patrick/Chubin, Daryl E. (1981): Interdisciplinary Integration within Technology Assessment. In: Knowledge 2, S. 503-528.

Sahle, Rita (2004): Paradigmen der Sozialen Arbeit – Ein Vergleich. In: Mühlum, Albert (Hg.): Sozialarbeitswissenschaft – Wissenschaft der Sozialen Arbeit. Freiburg im Breisgau: Lambertus, S. 295-332.

Scholz, Roland W./Marks, David (2001): Learning about Transdisciplinarity: Where are we? Where have we been? Where should we go? In: Thompson Klein, Julie/Grossenbacher-Mansuy, Walter/Häberli, Rudolf/Bill, Alain/ Scholz, Roland W./Welti, Myrtha (Hg.): Transdisciplinarity: Joint Problem Solving among Science, Technology, and Society – An Effektive Way for Managing Complexity. Basel, Boston, Berlin: Birkhäuser Verlag.

Schurz, Gerhard (1998): Koexistenzweisen rivalisierender Paradigmen – Eine begriffsklärende und problemtypisierende Studie. In: Schurz, Gerhard/Weingartner, Paul (Hg.): Koexistenz rivalisierender Paradigmen – Eine post-kuhnsche Bestandsaufnahme zur Struktur gegenwärtiger Wissenschaft. Opladen: Westdeutscher Verlag, S. 1-52.

Schurz, Gerhard (2006): Einführung in die Wissenschaftstheorie. Darmstadt: Wissenschaftliche Buchgesellschaft.

Sokal, Alan D./Bricmont, Jean Sokal (1998): Fashionable Nonsense – Postmodern Intellectuals' Abuse of Science. New York: Picador.

Sommerfeld, Peter (1996): Soziale Arbeit – Grundlagen und Perspektiven einer eigenständigen wissenschaftlichen Disziplin. In: Merten, Roland/Sommerfeld, Peter/Koditek, Thomas (Hg.): Sozialarbeitswissenschaft – Kontroversen und Perspektiven. Neuwied, Kriftel, Berlin: Luchterhand, S. 21-54.

Sommerfeld, Peter (2006): Das Theorie-Praxis Problem. In: Schmoecker, Beat (Hg.): Liebe, Macht, Erkenntnis – Silvia Staub-Bernasconi und das Spannungsfeld Soziale Arbeit. Luzern: Interact, S. 289-312.

Sommerfeld, Peter/Gall, Rahel (1996): Berufliche Identität und professionelles Handeln am Beispiel der Sozialarbeit in der Psychiatrie. (Hg.): Symposium Soziale Arbeit – Beiträge zur Theoriebildung und Forschung in Sozialer Arbeit. Bern: VeSAD, S. 341-376.

Sommerfeld, Peter/Dällenbach, Regula/Rüegger, Cornelia (2010): Entwicklung durch Kooperation – Instrumente und Verfahren Sozialer Arbeit in der Psychiatrie. In: Schweizerische Zeitschrift für Soziale Arbeit 8/9, S. 8-34.

Staub-Bernasconi, Silvia (1986): Soziale Arbeit als eine besondere Art des Umgangs mit Menschen, Dingen und Ideen – Zur Entwicklung einer handlungstheoretischen Wissensbasis Sozialer Arbeit. In: Sozialarbeit 10, S. 2-71.

Staub-Bernasconi, Silvia (1994): Soziale Arbeit als Gegenstand von Theorie und Wissenschaft. In: Wendt, Wolf Rainer (Hg.): Sozial und wissenschaftlich arbeiten – Status und Positionen der Sozialarbeitswissenschaft. Freiburg im Breisgau: Lambertus, S. 75-104.

Staub-Bernasconi, Silvia (1995a): Soziale Arbeit als eine besondere Art des Umgangs mit Menschen, Dingen und Ideen – Bausteine zu einer Handlungstheorie Sozialer Arbeit. In: Staub-Bernasconi, Silvia (Hg.): Systemtheorie, soziale Probleme und Soziale Arbeit: lokal, national, international oder: vom Ende der Bescheidenheit. Bern, Stuttgart, Wien: Haupt, S. 165-172.

Staub-Bernasconi, Silvia (1995b): Systemtheorie, soziale Probleme und Soziale Arbeit: lokal, national, international oder: vom Ende der Bescheidenheit. Bern, Stuttgart, Wien: Haupt.

Staub-Bernasconi, Silvia (1996): Soziale Probleme – Soziale Berufe – Praxis. In: Heiner, Maja/Meinhold, Marianne/von Spiegel, Hiltrud/Staub-Bernasconi, Silvia (Hg.): Methodisches Handeln in der Sozialen Arbeit. Freiburg im Breisgau: Lambertus, S. 11-101.

Staub-Bernasconi, Silvia (2000): Klarer oder trügerischer Konsens über eine Wissenschaftsdefinition in den Debatten über Sozialarbeitswissenschaft? In: Pfaffenberger, Hans/Scherr, Albert/Sorg, Richard (Hg.): Von der Wissenschaft des Sozialwesens. Rostock: Neuer Hochschulschriftenverlag, S. 144-175.

Staub-Bernasconi, Silvia (2002): Vom transdisziplinären wissenschaftlichen Bezugswissen zum professionellen Handlungswisssen am Beispiel der Empowerment Diskussion. Auf der Konferenz: Themen der Sozialarbeitswissenschaft und ihre transdisziplinäre Verknüpfung, Zürich (5.03.2002).

Staub-Bernasconi, Silvia (2003): Kommentar zum Beitrag von Werner Obrecht 'Transdisziplinäre Integration in Grundlagen- und Handlungswissenschaften'. In: Sorg, Richard (Hg.): Soziale Arbeit zwischen Politik und Wissenschaft. Münster, Hamburg, London: LIT Verlag, S. 225-230.

Staub-Bernasconi, Silvia (2004): Wissen und Können – Handlungstheorien und Handlungskompetenz in der Sozialen Arbeit. In: Mühlum, Albert (Hg.): Sozialarbeitswissenschaft – Wissenschaft der Sozialen Arbeit. Freiburg im Breisgau: Lambertus, S. 27-62.

Staub-Bernasconi, Silvia (2005): Kommentar. In: Hollstein-Brinkmann, Heino/Staub-Bernasconi, Silvia (Hg.): Systemtheorien im Vergleich – Was leisten Systemtheorien für die Soziale Arbeit? Versuch eines Dialogs. Wiesbaden: VS Verlag für Sozialwissenschaften, S. 349-386.

Staub-Bernasconi, Silvia (2007): Soziale Arbeit als Handlungswissenschaft – Systemtheoretische Grundlagen und professionelle Praxis – Ein Lehrbuch. Bern, Stuttgart, Wien: UTB (Haupt).

Thole, Werner/Küster-Schapfel, Ernst Uwe (1996): Erfahrung und Wissen – Deutungsmuster und Wissensformen von Diplompädagogen und Sozialpädagogen in der außerschulischen Kinder- und Jugendarbeit. In: Zeitschrift für Pädagogik 42, S. 831-851.

Tillmann, Jan (2000): Gefühl, Komplexität und Ethik. Ein Wissenschaftssetting, das Gefühle zulässt, schafft andere Fragestellungen und Methoden – Sechs Thesen zur Sozialarbeitswissenschaft. In: Pfaffenberger, Hans/Scherr, Albert/Sorg, Richard (Hg.): Von der Wissenschaft des Sozialwesens. Rostock: Neuer Hochschulschriftenverlag, S. 107-114.

Voßkamp, Wilhelm (1987): Interdisziplinarität in den Geisteswissenschaften (am Beispiel einer Forschungsgruppe zur Funktionsgeschichte der Utopie). In: Kocka, Jürgen (Hg.): Interdisziplinarität. Praxis – Herausforderung – Ideologie. Frankfurt am Main: Suhrkamp, S. 92-105.

Weick, Karl E. (2006): Faith, Evidence, and Action: Better Guesses in an Unknowable World. In: Organization Studies 27 (11), S. 1723-1736.

Weick, Karl E. (1976): Educational Organizations as Loosely Coupled Systems. In: Administrative Science Quarterly 21, 1, S. 1-19.

Welsch, Wolfgang (1993): Unsere postmoderne Moderne. Berlin: Akademie Verlag.

Welsch, Wolfgang (1996): Vernunft – Die zeitgenössische Vernunftkritik und das Konzept der transversalen Vernunft. Frankfurt am Main: Suhrkamp.

Wendt, Wolf Rainer (1994): Wo stehen wir in Sachen Sozialarbeitswissenschaft? Erkundungen im Gelände. In: Wendt, Wolf Rainer (Hg.): Sozial und wissenschaftlich arbeiten: Status und Positionen der Sozialarbeitswissenschaft. Freiburg im Breisgau: Lambertus, S. 13-40.

Wendt, Wolf Rainer (1995): Geschichte der Sozialen Arbeit – Von der Aufklärung bis zu den Alternativen und darüber hinaus. Stuttgart: Enke.

Wendt, Wolf Rainer (1998): Soziales Wissensmanagement. Baden–Baden: Nomos.

Wendt, Wolf Rainer (2006): Transdisziplinarität und ihre Bedeutung für die Wissenschaft der Sozialen Arbeit (http://www.deutsche-gesellschaft-fuer-sozialarbeit.de/mit65.shtml, 31.10.2006).

Winkler, Michael (1995): Bemerkungen zur Theorie der Sozialpädagogik. In: Sünker, Heinz (Hg.): Theorie, Politik und Praxis Sozialer Arbeit. Bielefeld: Kleine Verlag, S. 102-121.

Zima, Peter V. (2000): Vergleich als Konstruktion. Genetische und typologische Aspekte des Vergleichs und die soziale Bedingtheit der Theorie. In:. Zima, Peter V (Hg.): Vergleichende Wissenschaften – Interdisziplinarität und Interkulturalität in den Komparatistiken. Tübingen: Gunter Narr Verlag, S. 15-28.

VS Forschung | VS Research
Neu im Programm Soziale Arbeit

Gabriele Bingel
Sozialraumorientierung revisited
Theoriebildung und Geschichte zwischen instrumenteller Logik und sozialer Utopie
2011. 283 S. Br. ca. EUR 29,95
ISBN 978-3-531-18023-6

Ulrich Glöckler
Soziale Arbeit der Ermöglichung
'Agency'-Perspektiven und Ressourcen des Gelingens
2011. 156 S. Br. EUR 34,95
ISBN 978-3-531-18025-0

Johannes Richter
„Gute Kinder schlechter Eltern"
Familienleben, Jugendfürsorge und Sorgerechtsentzug in Hamburg, 1884-1914
2011. 666 S. Br. EUR 59,95
ISBN 978-3-531-17625-3

Eckhard Rohrmann
Mythen und Realitäten des Anders-Seins
Gesellschaftliche Konstruktionen seit der frühen Neuzeit
2., überarb. u. erw. Aufl. Aufl. 2011.
323 S. Br. EUR 34,95
ISBN 978-3-531-16825-8

Bringfriede Scheu / Otger Autrata
Theorie Sozialer Arbeit
Gestaltung des Sozialen als Grundlage
2011. 318 S. (Forschung, Innovation und Soziale Arbeit) Br. EUR 39,95
ISBN 978-3-531-18243-8

Sabina Schutter
„Richtige" Kinder
Von heimlichen und folgenlosen Vaterschaftstests
2011. 215 S. (Kindheit als Risiko und Chance) Br. EUR 39,95
ISBN 978-3-531-18059-5

Erhältlich im Buchhandel oder beim Verlag.
Änderungen vorbehalten. Stand: Juli 2011.

www.vs-verlag.de

VS VERLAG

Abraham-Lincoln-Straße 46
65189 Wiesbaden
tel +49 (0)6221.345 - 4301
fax +49 (0)6221.345 - 4229

VS COLLEGE
REVIEWED RESEARCH: KURZ, BÜNDIG, AKTUELL

VS College richtet sich an hervorragende NachwuchswissenschaftlerInnen, die außergewöhnliche Ergebnisse in Workshops oder Abschlussarbeiten erzielt haben und die ihre Resultate der Fachwelt präsentieren möchten.

Dank externer Begutachtungsverfahren fördert das Programm die Vernetzung des wissenschaftlichen Nachwuchses und sichert zugleich die Qualität.

Auf 60 - 120 Druckseiten werden aktuelle Forschungsergebnisse kurz und übersichtlich auf den Punkt gebracht und im Umfeld eines hervorragenden Lehrbuch- und Forschungsprogramms veröffentlicht.

__ Soziologie
__ Politik
__ Pädagogik
__ Medien
__ Psychologie

VS College